精准表达：
开口就能直抵他人的心

张卉妍 ╱编著

吉林文史出版社
JILINWENSHICHUBANSHE

图书在版编目（CIP）数据

精准表达：开口就能直抵他人的心 / 张卉研编著
. -- 长春 : 吉林文史出版社,2018.11（2019.8重印）
ISBN 978-7-5472-5714-2

Ⅰ.①精… Ⅱ.①张… Ⅲ.①口才学-通俗读物Ⅳ.①H019-49

中国版本图书馆CIP数据核字(2018)第267280号

精准表达：开口就能直抵他人的心

出 版 人　孙建军
编 著 者　张卉研
责任编辑　弭　兰　曲　捷
封面设计　韩立强
出版发行　吉林文史出版社有限责任公司
地　　址　长春市人民大街4646号
网　　址　www.jlws.com.cn
印　　刷　天津海德伟业印务有限公司
版　　次　2018年11月第1版　2019年8月第2次印刷
开　　本　880mm×1230mm　　1/32
字　　数　200千
印　　张　6
书　　号　ISBN 978-7-5472-5714-2
定　　价　32.00元

前 言
PREFACE

　　说话是一种技巧，更是一门艺术。一句恰到好处的话，可以改变一个人的命运，一句不得体的话，可以毁掉一个人、一件事。职场上，每一天和同事、领导难免有话要说；家庭中，同妻子、丈夫、父母、孩子必须进行交流；社交时，同朋友、客户势必联络感情。说什么？怎么说？什么话能说，什么话不能说？这些都需要我们在说话时做到精准表达，一开口就能直抵他人的心。

　　精准表达显示的是一个人学识的广博、语言的隽永、举止的优雅和应变的灵活，它往往是一个人综合素质的体现。拥有精准高超的表达技巧是每个人渴望的目标。掌握了精准表达的技巧，能让你一步步实现目标，从此冷静自信地站在所有人面前，流利自如、随心所欲地表达自己的思想，在生活与工作的舞台上优雅地左右逢源，在人生的各种场合挥洒口才，展现风采，大显身手。

　　会精准表达，才会办好事情。同一个问题变换不同的说话方式将得到截然不同的效果。有求于人，想要拉近关系；遇到僵局，想要无形化解；遭到拒绝，想要说服对方。只有说好难说的话，才能办好难办的事。

　　会精准表达，才能会做人。说话没分寸、没艺术，即使是赞扬的话，别人听了也会不舒服。说话有分寸、讲方法，即使是批评的话，别人也能乐于接受。

会精准表达，才能会交际。如何同上司说话？如何同客户沟通？如何拒绝朋友？如何抚慰家人？人情网中，拿好语言之矛，才能攻破人心之盾。

会精准表达，才能会处世。在人生的各个场合，在什么情况下、对什么人、在什么时机说话，都要讲求艺术性。对方豪爽，就说直率的话；对方保守，就说稳妥的话；对方崇尚学问，就说高深的话。这是语言之道，也是处世之道。

杰出的说话能力不是天生的，而是可以通过后天培养训练的。本书理论和实践相结合，以通俗易懂的语言深入浅出地论述了如何精准表达的说话艺术。指导读者如何把握好说话时机、说话曲直、说话轻重的分寸，把握好调解纠纷时、激励他人时的说话分寸，掌握如何同不同的人说话的技巧、不同场景下的说话艺术、最讨人喜欢的说话方式等。同时，还以生动具体的事例向读者展示了同陌生人、同事、老板、客户、朋友、爱人、孩子、父母、对手沟通的艺术，在求职面试、求人办事、谈判、演讲、电话交谈、尴尬时刻、危急时刻、宴会应酬、主持会议、探望病人时的说话艺术。

目录
CONTENTS

第一章

说好开场白，打开陌生的闸门

第一句话很重要，设法吸引别人的注意

顾名思义，开场白开得不好就等于白开场。人与人见面讲究第一印象，俗话说："好的开始是成功的一半。"这足以说明开场白的重要性。

俄国大文学家高尔基说："最难的是开场白，就是第一句话，如同在音乐上一样，全曲的音调，都是它给予的。平常却又得花好长时间去寻找。"高尔基的话形象地点出了第一句话的至关重要性。它如同音乐的定调，引导着全曲的基本面貌和基本风格。而另一方面，吸引人心的第一句话不是那么容易找到的，它需要靠个人钻研和琢磨。

我们和陌生人的第一句话是非常重要的，所有的交际能手并非一味地只顾表现自己，而是善于也乐于同陌生人交流。他们通常会有良好的开场白，通过主动、热情、到位的言语，努力探寻对方感兴趣的或者正在关注的话题，赢得对方好感，逐渐拉近双方距离，进而得到深入交流的机会。交谈中的第一句话对于接下来的交流会起到推波助澜的作用。

第一句话说好了，就与对方的距离拉近了，才能顺利地与对

方建立信任，引起对方的兴趣。不要小看这短短的开场白，它将决定此后你所说的每一句话的结果。听者将根据你给他留下的第一印象来决定是否耐心并真诚地聆听你后面所说的话。因此，只有开场白新颖、奇趣，才能吸引对方的注意力，从而为接下来要说的话铺桥搭路。

也就是要在开头就地取材、临场发挥。它的方法有很多，你可以讲当场的情景、当日的天气，或者谈谈自己的感受，或接过上一位说话人的话茬儿。

不管你如何开头，总的要旨不变，那就是抓住听众、打开局面。切不可故弄玄虚，或者东拉西扯、不着边际。当然，开头还必须切合话题、简明扼要。

有了一个引人入胜的开场白，能够迅速引起听众对你的兴趣和好感。第一炮打响之后，要把握住有利时机，及时切入正题，乘胜前进。

那么，怎么才能说好第一句话呢？

1. 问句开场白

一些有经验的演讲者都会选择在演讲开始的时候先提出一个问题，使听众按照他的思路去思考问题，同时使对方有一种想知道答案的欲望，听众的精力自然就被集中了。

我们不妨看一个培训师给学员上课时的开场白：

"亲爱的学员们，你们好！在正式开课前，我想先和大家分享一个故事。有三个人都去找一位老师拜师学武。这三个人千辛万苦才找到老师，老师向他们提出了一个问题，问他们学武的目的是什么，动机是什么。第一个徒弟说：'我来学习武功，是要强身健体。'第二个徒弟说：'我来学习武功，主要是因为我太胖了，要减肥。'第三个徒弟说：'我来学习武功，是因为村庄附近有强盗和土匪，我需要保护家庭的安全。'各位朋友，你觉得哪一个人会学得比较好呢？同样，你们来参加这个培训，自己又是抱着什么样的目的呢？"

我们进行开场白的时候也可以效仿那些演讲者，以问句作为开始。这样就可以立刻抓住对方的注意力。但有一点要注意的是，我们提出的问题要恰到好处、不宜过多，达到抛砖引玉的目的即可，否则只会适得其反。

演讲一开始就提出问题，这个问题一定要让人有足够的兴趣，或者有足够的悬念，让听众愿意顺着所提的问题去思考，甚至有一种急切地想知道答案的想法，急切地等你讲下去。值得注意的是，提出的问题要新颖，不要过于简单，要让听众能从你的问题中有所获益。

2. 以小故事作为开场白

为开场白准备的小故事，可以是寓言，也可以是引人发笑的小笑话，也可以是新闻上的小故事，但一定要吸引对方且与自己的话题相关。

在一个如何将小孩子培养为社会精英的演讲中，演讲者是这样开场的：

"今天非常高兴和大家谈谈青少年精英教育的问题。前几天我看到一个报道，有一个小学生，每天都要带父母剥了蛋壳的鸡蛋到学校去吃。有一次，父母忘记给鸡蛋剥壳，这个孩子对着鸡蛋，却不知道如何下口。结果，这个孩子将鸡蛋带回家了。母亲问孩子为什么不吃鸡蛋，孩子回答说：'没有缝，我怎么吃！'笑过之后，我不禁反思，未来是精英的社会，如何把孩子培养成精英是每个父母最关心的事。但是，如果一个孩子连自立的能力都没有，即使读再多的书、学再多的知识，又有什么用？我认为，注重培养孩子的独立生活的能力和战胜困难的勇气，这是让孩子成为精英的第一步。"

从这个小故事里，大家都听明白了演讲者所要表达的观点，而听众也能轻易得出结论，那些没有自立能力的孩子，将来不可能成为社会精英。

引人发笑的故事本身就具备引起人兴趣的魔力，如果运用得当，将是非常好的开场白。

大多数情况下，只要这个故事有具体的时间、地点、人物和故事情节，并且与你要讲的主要内容相契合，那么这个小故事就已经合格，就足可以吸引对方。

3. 赞美式的开场白

人人需要赞美，人人也都喜欢赞美。因此当你做开场白的时候，就可以用上这一招。

"你的皮肤真好""你的穿着打扮真有品位"，这些赞美方式的开场白日渐受到人们的重视。遇到杭州人，可以跟对方说："杭州是个好地方啊，'欲把西湖比西子，淡妆浓抹总相宜'啊。"

在开场白中使用赞美对方的话语，能够吸引对方的注意力。但是赞美也绝非是一件容易的事，如果没有掌握赞美他人的技巧，即使赞美别人表现得很真诚，也不会赢得对方的关注和亲近。

4. 以感激作为开场白

感谢是开场白的万能工具，几乎在任何场合都能使用。

贝尔那·科弟埃是"空中汽车"制造公司的著名销售专家。当他被推荐到"空中汽车"公司时，面临的第一项挑战就是向印度销售汽车。这是一件棘手的任务，因为这笔交易在印度政府初审时并未被批准，能否重新寻找到成功的机会，全靠销售员的谈判本领了。

作为特派的谈判专家，科弟埃深知肩上的重任，他稍做些准备就飞赴新德里。接待他的是印航主席拉尔少将。科弟埃到印度后，对他的谈判对手讲的第一句话是："正因为您，使我有机会在我生日这一天又回到了我的出生地。"

这是一句非常得体的开场白，同时这句话表达了好几层意思，感谢主人接洽的时机，让他在自己生日这个值得纪念的日子来到印度，而且富有意义的是，这里是他的出生地。这个开场白拉近了科弟埃与拉尔少将的距离。

感谢式开场白的语言门槛不高，只要点明现场相关情况，同时感谢一下对方即可。而感谢式的开场白容易被人接受，感谢能够让对方心情愉悦，从而使双方的关系更加融洽。

5. 即情即景

在演讲的时候，一般都是走上台就开始你的内容。但是，如果能以眼前的事物为话题，将听众引到你的演讲主题上去，这样可以激发听众兴趣。

为了纪念葛底斯堡战役的阵亡将士，美国建立了葛底斯堡国家烈士公墓。在落成典礼那一天，国务卿埃弗雷特出席讲话。他站在台上，看到眼前的人群，抬头又看到远处的麦田和果园，放眼望去，又看到远处的山峰，于是说道："站在明净的天空下，从这片人们终年耕耘而今已安静憩息的辽阔田野上放眼望去，那雄伟的阿勒格尼山隐隐约约地耸立在前方，兄弟们的坟墓就在脚下，我真不敢用我这微不足道的声音打破上帝和大自然所安排的这无穷的宁静。但我必须承担你们交给我的责任，我祈求你们，祈求你们的宽容和同情……"

听众们听到这样的开场白后，一个个深深地哀思，并且忍不住热泪盈眶。

这段演讲的开头，并没有按照原先的计划，而是触景生情，并把大家引到演讲的话题中，最后取得了良好的演讲效果。值得注意的是，即情即景不是让你离题万里，而是为了更好地映衬演讲的主题。

6. 借助物品进行开场白

俗话说"口说无凭"，如果在你进行谈话时，还有一件物品作为陪衬的话，那么你的这段话语就更具说服力。

有一次，卡耐基在一所学校发表演讲，他别出心裁地拿出几根头发展示给听众。接着卡耐基问听众："你们都知道头发是长在头上的，但这几根为什么掉下来了呢？"

一句话引起了听众的注意，开始专心致志地等待卡耐基的演讲。卡耐基接着说："这就是烦恼的作用。如此乌黑的头发长在头上是多么漂亮，可是它却无可奈何地离开了养育它的'土地'。我们为什么要烦恼呢？"

卡耐基仅仅用了几根头发，就给他的听众留下了深刻的印象。用物品作为开场白，并利用物品道具所独有的特色，吊足听众的胃口，让听众产生一种期待心理，渴望通过自己的努力找到答案，而答案又被设定在演讲者的演讲内容中，这样可以很轻松地抓住听者的注意力。

用物品作为开场白的辅助工具是有一定作用的。但是要注意的是，一定要找与你的话题内容相关、有助于你表达的物品。

初次见面，寻找谈话内容有套路

初次交往的成败与否，关键要看如何冲破两个人之间的隔膜。如果你用第一句话吸引对方，或是讲对方比较了解的事，那么，第一次谈话就不仅仅是形式上的客套了。如果运用得巧妙，双方会因此打成一片，变得容易相处了。

比如，在一个严冬的夜晚，参加某活动时与一位陌生人见面，"今晚好冷"这句话自然会成为你们之间所使用的开场白。单纯地使用它，虽然也能彼此引出一些话题，但这些话也可能对彼此无关紧要，这样，再深一步地交谈也就困难了。但是，如果你这样说："哦，今晚好冷！像我这种在南方长大的人，尽管在这里住了几年，但对这种天气还是难以适应。"如果对方也是在南方长大的，就会引起共鸣，接着你的话头说出一些有关的事。如果对方是在北方长大的，他也会因为你在谈话中提到了自己的故乡在南方，而对你的一些情况产生兴趣，有了想进一步了解你的欲望，这样就可以把交谈引向深入。而且把自我介绍与谈话有机地结合，也不致令人觉得牵强、不自在。人们在不知不觉之中，就放弃了戒备的心理，从而产生了"亲切感"。

有的人采用一种很自然的、叙述型的谈话开头，也能给人一种亲切感，同时还能让人想继续向他询问一些细节。

交往中的第一句话，绝不只是可有可无的寒暄。

1.把礼字摆在第一位

小齐是上海一家文化传媒公司的经理秘书，负责接待从北京过来担任公司短期培训顾问的袁教授。在机场初次见面简单问好之后，小齐说道："袁教授您肯定不常来上海，这几天我带您到几个著名的景点去逛逛，让您看看上海的新面貌……"袁教授表情冷淡地回应："不必了，我本身就是上海人，当初我在上海的时候你还没出生呢。"

袁教授的反应出乎小齐的意料，却又在情理之中。

小齐本是好意，想要在初次见面时拉近双方的距离，营造出轻松、活跃的氛围，但她的第一句话拿捏得并不恰当，她的表达没有让袁教授感觉到亲近。

如果小齐换一种方式和袁教授说话，袁教授的反应还会跟之前一样吗？她可以这样问："袁教授，您去过不少地方，见多识广，哪个城市给您留下的印象最深刻呢？不知道您对上海的评价怎样？您一路辛苦了，这几天的活动就交给我来安排吧……"显然，如果小齐能在与袁教授初次见面时，运用更妥当的表达方式，接下来的接待过程将会顺利得多。

第一次见面时，双方还只是素不相识的陌生人，因此，整个互动实际上是一个敏感而充满疑虑、试探的过程，第一句话也就显得尤为重要。这是打消对方的疑虑，增进双方信任感和安全感的关键点。

2. 尽力了解陌生者的信息

富兰克林·罗斯福刚从非洲回到美国，准备参加 1912 年的参议员竞选。因为他是西奥多·罗斯福的堂弟，又是一位有名的律师，自然知名度很高。在一次宴会上，大家都认识他，但罗斯福并不认识其他的来宾。同时，他看得出虽然这些人都认识他，表情却显得很冷漠，似乎看不出对他有好感的样子。

罗斯福想出了一个接近这些自己不认识的人并能同他们搭话的主意。

他对坐在自己旁边的陆思瓦特博士悄声说道："陆思瓦特博士，请你把坐在我对面的那些客人的大致情况告诉我，好吗？"陆思瓦特博士便把每个人的大致情况告诉了罗斯福。

了解大致情况后，罗斯福借口向那些不认识的客人提出一些简单的问题，经过交谈，罗斯福了解到了他们的性格特点、爱好，知道他们曾从事过什么职业、最得意的是什么。掌握这些后，罗斯福就有了同他们交谈的话题，并引起了他们的兴趣。在不知不觉中，罗斯福便成了他们的新朋友。

1933 年，罗斯福当上了美国总统，他依然能迅速地与陌生人打成一片。著名的美国新闻记者麦克逊曾经对罗斯福总统的这种说话术评价道："在每一个人进来谒见罗斯福之前，关于这个人的一切情况，他早已了若指掌了。大多数人都喜欢顺耳之言，对他们做适当的颂扬，就无异于让他们觉得你对他们的一切事情都是知道的，并且都记在心里。"

与陌生人的交往，说好第一句话最重要的一点当然是选择合乎时宜的内容，而这是一个动态的过程，需要结合对方的身份、年龄、偏好，以及当时所处的情境等方面综合考虑。有一些原则是通用的：首先你要带着真诚和热情开始你们的交流，你是否真心要建立起交流关系，在你开口说话之前就能通过你的眼神为对方所感知；其次是要以尊重和包容为前提，无论对方和你处于怎样的情境和关系，尊重是你开口说话时应该带有的最基本的感情基调。再次是要带着兴趣去观察对方的特点、偏好，这有助于你有针对性地选择谈话内容。

3.设法吸引陌生者的注意

有一天，影星茱莉·安德鲁丝去聆听鼎鼎大名的指挥家托斯卡尼尼的音乐会，在音乐会结束之后，她和一些政要名流一起来到后台，向大指挥家恭贺演出的成功。

大家都夸奖指挥家："指挥得实在是棒极了！""抓住了名曲的神韵！""超水准的演出！"

大指挥家一一答谢，由于疲累，而且这种话实在是听得太多了，所以脸上显出有些敷衍的表情。忽然，他听到一个高雅温柔的声音对他说："你真帅！"

抬头一看，是茱莉·安德鲁丝。

大指挥家眼睛亮了起来，精神抖擞地向这位美丽的女士道谢。

事后，托斯卡尼尼高兴地到处对人说："她没说我指挥得好，她说我很帅哩！"恐怕大指挥家还是头一回听到有人赞美他帅呢！

就这样，大指挥家把茱莉当成了挚友，时时去为她捧场。虽然只是一次见面，大指挥家就时常抱怨与她"相见太晚"。

你可以考虑通过以下3种方式，找出你们的第一个话题：

（1）从对方的地域找话题。一个人的口音就是一张有声的名片。我们可以从口音本身及其提供的地域引起很多话题。例如，从乡音说到地域，从地域说到他家乡的风土人情、名胜古迹等。

（2）从有关的物件中找话题。例如，客户办公室放有杂志，可以从杂志找话题。还有一些物品是可以作为谈话的内容，用试探的口气来问的。比如，从询问对方拥有的某一产品的产地、价格等，以此为话题和对方搭讪，找到说话的机会。

（3）从对方的衣着穿戴上找话题。一个人的衣着、举止在一定的程度上可以反映出人的身份、地位和气质，同样可以作为你判断并选择话题的依据。比如，你所见的人开了一辆宝马，手上戴了一块劳力士，你就可以主动问："如果我没有猜错的话，您一定是位商界中的佼佼者！"对方会有几分吃惊地说："你真是好眼力！"紧接着，很多与企业生产、经营有关的话题就可以谈了。即使你猜错了也不要紧，因为你把他看成企业家本身是高看他，对方心里也会高兴，并会礼貌地说出自己的真正身份。

介绍有学问，让陌生变得熟悉

参加聚会时，经常会自己带朋友去参加饭局，这时，要介绍自己的朋友给大家认识。介绍他人，是指在社交场合中把某人介绍、引荐给其他人相识的过程。介绍者的介绍如同一条纽带，连接着互不相识的两方，这根"纽带"是否柔韧有力决定着被介绍双方能否顺利、成功地开展交流。

善于介绍他人，一方面是展示自己在社交场合中左右逢源的表现力；另一方面体现着自己为人处世的能力和素养，能够提高自己的威信和影响力。在介绍别人的过程中，我们要做到正确无误、大方得体，这样才能真正起到增进交流的作用。

如何让两个原本不相识的陌生人认识，其中一些注意事项是不得不重视的。

1. 介绍要注重顺序

为他人作介绍的先后顺序，即先把谁介绍给谁的问题，其中是颇有些规矩和讲究的，牵涉到长幼尊卑的礼节，因此只有照此行事，才是正确的选择。

姚岚是某大型企业的公关经理，一次，公司举办一个大型的新品展示会，会后安排了大型的酒会，接待从全国各地前来参会的客户。

席间，美丽开朗的姚岚很好地担当了公关人的角色，从容游走于众多客户之间，针对公司的最新产品，与客户们进行了大量的细致交流，获取了众多的反馈。这时，席上的一位李主任要求姚岚帮他引见某知名企业的王董，因为李主任他们单位希望和王董旗下的公司进行一次业务合作，但双方多次谈判未果，李主任他们公司大为苦恼，却又找不到好的突破口。由于李主任也是姚岚公司的重要客户，姚岚便欣然应允了。

姚岚和李主任来到王董面前，姚岚先和王董打了个招呼，接着对李主任说："李主任，这是××公司的王董。"王董脸色一变，李主任也一脸的尴尬，"红灯警报"顿时响起，姚岚这才意识到自己犯了介绍礼仪的大忌，忘记了"尊者优先"的原则。

幸好姚岚脑子反应够快，随后自嘲道："你看我这个人哦，就是没见过什么大世面，一见到王董和李主任两位尊贵的大人物，我就太激动了，开始语无伦次起来。来，我自罚三杯，既是惩罚我的语无伦次，也敬王董、李主任，你们就大人不计小人过，多多包涵啊！"

此时，紧急的红灯警报转换为平和的绿灯，一场危机就此解除了。

因为在介绍他人时，姚岚忘记了"尊者优先"的原则，造成了场面的尴尬，幸好她反应快，及时打圆场挽回，将王董的称呼放在了前面，从而化解了一场危机。由此看来，介绍别人可真不是一件简单的事儿。

一般来说，都是由宴会的主办方担当起介绍人的重任，来为他人做介绍。这时，必须遵守"尊者优先"的原则，将他人介绍给尊贵客人，以显示对尊贵客人的尊重和重视。

一般来说，介绍别人的顺序有以下6种：

（1）把男性介绍给女性。照西方的习俗，应该先把男性介绍给女性，继而把后者介绍给前者。这是"女士优先"精神的具体体现，反映了对女性的尊重。如果是按照东方人的习俗，假若男性较年长，地位又较高的话，则不妨先介绍女性。这样是不会错的，因为东方人都有这种倾向。如果是年龄相仿，又处在相同的地位的话，则不妨照着西方的方式，先把男性介绍给女性。

（2）把晚辈介绍给长辈。即事先考虑被介绍人双方的年龄差异，以长者为尊。

（3）把职位低者介绍给职位高者。它适用于比较正式的场合，特别适用于职业相同的人士之间。

（4）把未婚者介绍给已婚者。它仅仅适用于介绍人对被介绍双方非常了解的前提下。如果拿不准的话，可以从其他角度出发进行选择。

（5）把客人介绍给主人。它适用于来宾众多的场合，尤其是主人未必与客人个个相识的时候。若要把客人介绍给父母，则应该先介绍母亲。如果在客人之间进行介绍，一般是把晚到的客人介绍给早到的客人。

（6）把个人介绍给团体。常常是在众人之前介绍一个人。如果有的时候需要把在场的人一一介绍给一个人时，则应该按照一定的次序，如顺时针方向或逆时针方向，自右至左或自左至右，依次进行，不应该挑三拣四地"跳跃式"进行，否则会伤害被"跳"过去的那些人的感情。

2. 介绍要实事求是

在给他人作介绍时，首先要实事求是、简明扼要地介绍双方各自的情况，如姓名全称、职位、与自己的关系以及认识对方的目的，等等，令双方知道如何称呼彼此以及明白双方交流的意义。

小刘大学毕业后，就在家乡的中学教数学。实际上，他是一个财务人才，但一直英雄无用武之地。作为小刘的大学同学张明，他有心为小刘找了个机会。

张明有个同学是一家大型公司的财务总监，这天来他家吃饭。张明给小刘打了个电话，让他中午没事过来串个门。小刘来到张明家，发现家里有客人在，就故作要走的样子。此时，张明拉住小刘说："你们俩都是我同学，一个高中同学，一个大学同学，既然来了，就一起玩玩，干吗走呢？"于是，两人在小张的介绍下，很快交谈起来，相互认识并了解了，之后还成了好朋友。后来，这位总监发现小刘心中的苦闷，答应要帮小刘的忙，而小刘，现在已经是一家外企的财务经理了。

在介绍对方时切忌厚此薄彼，不可以对一方介绍得面面俱到，而对另一方只用寥寥数语。也不可以对一方冠以"这是我的好朋友"，而不给另一方以"同等待遇"。在说明自己与一方的关系时，不要忘了提及其名字，如"这是我的邻居"的说法就缺乏必要的姓名提示。

其次，在介绍他人时要附加必要的说明以提示话题，在介绍完双方的基本情况后，介绍者不应该急于离开，应给双方进一步交谈沟通创造条件，把个人的特点选择一些介绍出来给双方做参考。

在介绍一方时，目光应该热情地注视对方，目光移向别处或者游离不定是对被介绍人的不尊敬，同时，应该注意微笑着用自己的视线把另一方的注意力引导过来。

为他人做介绍时，要准确介绍双方各自的身份、地位等基本情况。介绍时，要遵照受尊敬的一方有了解对方的优先权原则。

为他人作介绍时，手势动作应当雅观。必要时，可以说明被介绍的一方与自己的关系，以便新的朋友之间相互了解和信任。

3. 介绍要注意表达方式

在表达方式方面，我们可以多做点文章，以此来营造轻松、愉快的氛围。首先可以根据被介绍者的典型特征，灵活运用多种句式来活跃气氛，特别是被介绍人数较多的时候，千篇一律的"这是×××"的句式就会显得十分单调无聊，简简单单的一个名字也不能引起另一方的关注。

相反，采用既有重点又灵活多变的表达方式创造的效果则好得多，如："你读过小说《×××》吧，这位就是作者×××。""去年的高校田径运动会上，有一位身材小巧的女孩获得了女子跳远的第一名，为我们学校赢得了荣誉，这位女孩此时正坐在我们中间，她就是×××。""××是我们单位个头儿最高的，足有190厘米呢！"……这些言简意赅的介绍能够很快地给另一方勾勒出被介绍者生动独特的形象，令对方过"耳"不忘。

其次，由于每个人的姓名差不多都是父母煞费苦心想出来的，我们如能从被介绍者的姓名中挖掘出有意思的内涵，则既能消除双方的紧张、矜持的心理，又能让对方牢记被介绍人的姓名。例如："她叫艾思，这位姑娘确实人如其名，平时爱读书、爱思考，写出来的文章很有灵气！""这位小伙子姓高名士品，他跟高士其先生可没有任何亲戚关系哦！"……根据姓名的谐音或字面意思推导出来的引申意义，只要言之成理、语言恰当，都能令对方会心而笑。

在介绍时，要注意介绍的语言及其表达方式和自我介绍一样，语音应该清晰准确，不要让人听不清或听错，语言要得体、庄重、文雅、合乎礼节和场合。

最客气的介绍方式就是以询问的口吻问："赵小姐，我可以介绍王小姐给您认识一下吗？"在把一位朋友介绍给一位老师或一位年长的人的时候，采用这一方式是很得体的。

在朋友们和年龄、地位大致相仿的人们中间，可以采用一种比较简单的方式："王小姐，许先生。"在有许多人需要介绍的盛大集会上，这是一种很方便的方式。

还有一种较为随便的朋友式的介绍方式："高先生，你认识王小姐吗？"这种介绍方式不言而喻地表示：王小姐，是要互相认识的两个人中比较重要的一个。

当然，在介绍中还可以使用许多别的语句，如："王小姐，这是许先生。""高先生，我希望你和王小姐见见面。""陈太太，这是我的朋友王小姐。"不要说"请和许先生见见面"。有时，也有人这样说，但是这是不礼貌的。

恰当的称呼，让人很受用

在和陌生人沟通时，恰当地称呼别人十分重要，一个恰当的称呼可以说到别人的心坎里，让别人更容易接受你。而不恰当的称呼则可能让别人的心里不舒服，进而影响接下来的交往。

在社交中，称呼是必不可少的。在商场交往中，人们对称呼是否恰当十分敏感。尤其是初次交往，称呼往往影响交际的效果。有时因称呼不当会使交际双方发生感情上的障碍。不同时代、不同国家、不同地区、不同社会集团之间都有不同的称呼，但也有共同的称呼，如太太、小姐、女士、先生。

因此，你必须懂得恰当地称呼别人，这样别人心里才会感到舒服，进而增进双方的感情。

1. 多使用客气的称呼

有一位善于交际的朋友，在不同场合他都能结识很多新人。他是怎么做的呢？他对比自己小的年轻人总是很亲切地直呼其名，并以亲如兄长般的态度赢得小弟小妹们的尊敬与喜爱。即使在他生病住院期间，他也能与医务人员打成一片。他曾说："与人交往，首先要学会恰当地称呼人，这样才能使人对你产生好印象。"

事实确实如此，就拿找人来说，你如果说："喂，总经理在哪里？"被问的人肯定不会理你。如果你礼貌地说："你好，请问王总去哪儿了？"那他则会很乐意地告诉你。

当然，称呼还要合乎常规，要照顾到被称呼者的个人习惯，同时，还要注意入乡随俗。而根据场合，又可以分为工作中的称呼和生活中的称呼两种，在具体实践中各有不同。在日常交往中，称呼应当亲切、自然、准确、合理。

使用称呼还要注意主次关系及年龄特点。如果对多人称呼，应以先长后幼、先上后下、先疏后亲的顺序为宜。如在宴请宾客时，一般要按女士、先生、朋友们的顺序称呼。

客气的称呼会使对方感到愉快。在有些场合，如果你适当地喊出对方的名字，更会使人感到亲切愉快。

2. 告诉他人他的头衔何等重要

倘若你想改善某个人某方面的缺点，你就要学会表示出他已经具有这方面的优点了。如果对方有你所要激发的美德，就要给他一个美好的名誉，那样，他会尽其所能去实现、去达到这个水准，相信我，他是不愿意使你感到失望的。

1915 年，整个美国处于一片惊恐之中，因为在一年的时间内，欧洲各国彼此残杀，规模之大，是人类战争史上从未有过的，和平能实现吗？无人知晓。不过，威尔逊总统决定要为这件事而努力，他要派一个代表，一个和平专使，到欧洲和那些军阀们商谈。

国务卿勃雷恩是主张和平最有力的人选，他希望自己能为这件事奔走。他看出这是个绝好的机会，可以完成一件名垂后世的伟大任务。但是，威尔逊总统却派了勃雷恩的好友郝斯上校去。假如郝斯上校把这件事告诉勃雷恩，勃雷恩不愤怒的话是很难的。

"当勃雷恩听说我要去欧洲担任和平专使，显然他感到极大的失望，"赫斯上校在他的日记中记述说，"勃雷恩表示，这件事原本他是准备自己去的。我回答说，总统认为一位政府大员担任这件事，是很不适合的。到了那里，会引起人们极大的注意——美国政府怎么会派一个国务卿来商谈此事呢？"

你看出其中的暗示了吗？郝斯上校似乎就是在告诉勃雷恩他的职位是何等重要，担任那项工作是极不适宜的。而这使勃雷恩满意了。

在工作岗位上，人们彼此之间的称呼是有其特殊性的，应当庄重、正式、规范。在工作中，最常用的称呼方法，就是以交往对象的职务相称，以强调其特殊身份及自己的敬意。比如"陈总(经理)""王处长"等。对于具有职称者，尤其是具有高级、中级职称者，可以在工作中直接以其职称相称，如"侯教授""张工"等。而以头衔作为称呼，则能增加被称呼者的权威性，更加有助于增强现场的学术气氛，如"陈博士"等。

3. 给他人一个好听的头衔

告诉他人他的头衔何等重要，可以给他人一种"权威""重要人物""关键人物"的感觉，如果你希望某个人能够按照你希望的去做事——不如告诉他他很重要，让他自愿去做这件事。

卡耐基曾讲过这样一个故事：

万特是纽约一家万特印刷公司的经理，他正打算改变一位技术师的态度，但又不能引起对方的反感。这位技术师负责管理若干台打字机，和其他日夜不停地在运转的机器。他总是抱怨工作时间长、工作多，他需要一个助手。

但是那位万特先生，没有缩短他的工作时间，也没有替他添加任何一个助手，却使那位技师高兴了起来？他是怎么做的呢？万特的主意很简单，他给那位技师一间私人办公室。办公室外面挂上一块牌子，上面写着他的名字和头衔"服务部主任"。这样一来，他不再是任何人可以随便下命令使唤的修理匠了。他现在是一个部门的主任，他的自尊得到了满足。这位"服务部主任"现在很高兴，已经不再抱怨了。

你也许会觉得这种方法看起来很幼稚，但是历史上的很多大人物都擅长使用这种方法赢得人心。拿破仑在训练荣誉军的时候，曾经发出1500枚代表荣誉的十字勋章给士兵，所有士兵都把它当成无上的荣誉。他封自己的18个将军为"法国大将"，以好听的头衔不断称赞他人。当有人说他"幼稚、孩子气"，讥笑他用玩具和把戏去哄那些为他出生入死的士兵和将军时，拿破仑正经地回答说："是的，人有时就是受玩具统治着。"

这种以名衔或权威赠予他人的方法，如果拿破仑使用有效，那么，你用肯定也一样有效。

"星星监狱"狱长罗斯，获得了无数囚犯的爱戴，他曾经说过："如果你必须要去对付一个盗贼或骗子，强硬和恐吓是没有用的，你唯一能够制服他的办法，就是你对他要像对待一个诚实、体面的绅士一样。无论他是一个恶劣的小人，还是一个规规矩矩的正人君子，你都要这样对待他，他会因此感到受宠若惊，并且他会很骄傲地认为有人信任他。"

事实上，无论是富人、穷人，还是乞丐、盗贼，都是重视名誉的。人人都有虚荣心和自我实现的愿望，所有人都愿意竭尽所能，去得到他人给予的美名，并且保持别人赠予他的美名。

给他一个头衔，使他感觉自己是重要的。他会愿意保持你给他的"重要""美好"的形象评价。

第二章

巧妙表达，摸清对方真实意图

投石问路,了解对方的真实意图

投石问路是一种常用的策略,是一种向对方的试探。它在谈判中常常借助提问的方式,来摸索、了解对方的意图以及某些实际情况。

不会提问的人,往往在交谈中处于弱势。《孙子兵法》说,知己知彼,方能百战百胜。摸不清楚对方的心理情况,就贸然地说出自己的观点,其结果也是很难摸得清楚的。这种低效率的事情,聪明人是从来不做的。

1. 让对方主动提供资料

对于买主而言,投石问路可以帮助其从卖主那里得到卖主很少主动提供的资料,来分析商品的成本、价格等情况,以便做出自己的抉择。

例如,当你作为买主,出于不同的目的,可以投出不同的"石"去问路。

当你在讨价还价时,可以提出下列问题:

"假如我们订货的数量加倍,或者减半呢?"

"假如我们和你们签订一年的合同,或者更长时间的合同呢？"

"如果我们做这个保证，你有何想法？"

"假如我们自己提供材料呢？"

"假如我们要求改变产品的规格呢？"

"假如我们采取分期付款的方式呢？"

"假如我们自己解决运输问题呢？"

当你想取得对方的情报，获取所需要的信息时，可以提出下列问题：

"请您告诉我，为什么半个月后才可以发货？"

"请问这批货物的出厂价是多少？"

"请问，提货地点在哪里？"

"究竟什么时候才能到货？"

当你想引起对方的注意，并引导他的谈话方向时，可以这样提出问题：

"您能否说明一下，这种类型的商品的修理方法？"

"如果我们大批订货，你们公司能不能充分供应？"

"您有没有想过要增加生产，扩大一些交易额？"

"请您考虑签订一份三年的合同，好吗？"

当你希望对方做出结论时，可以这样提问：

"您想订多少货？"

"您对这种产品的样式感到满意吗？"

"这个问题解决了，我们可以签订协议了吧？"

当你想表达己方的某种情绪或思想时，可使用这类问话：

"我们的价格如此低廉，您一定会感到吃惊吧？"（表达炫耀的情绪）

"您是否调查过本公司的财务状况和信用？"（表达自信和自豪的情绪）

"对于那个建议，您的反应如何？"（引起他人注意，为他人思考指引方向）

"请原谅，您是否知道这是达成协议的唯一途径？"（引起对方注意，引导对方自己做结论）

每一个提问都是一粒探路的"石子"，你可以通过对产品质量、购买数量、付款方式、交货时间等提出问题来了解对方的虚实。

同时，不断地投石问路还能使对方穷于应付，如果卖方想要拒绝买方的提问一般是很不礼貌的，面对这种连珠炮式的提问，许多卖主不但难以主动出击，而且宁愿适当降低价格，而不愿疲于回答询问。

当然，并不是买方采取上述方法，就能获得成功，或得到多少便宜。如果卖方采取更高明的手段来回击这种"投石问路"，那么，买方的这种策略就难以奏效。当买主"投石问路"后，卖方稍作解释，就反问对方，使对方处于被动的境地。还可以针对买主想要知道更多情况的心理，进行有意识的引导，提出反问：

"您问的问题我答复了，怎么样，请您考虑我的条件吧？"

"您想知道的情况就是这些，您要的数量大些，就可以享受优惠价格，这个条件，可以接受了吧？"

这样便可把"石子"轻松地扔还给对方。

2. 挖出对方的真实需求

在进行谈话的过程中，与客户交流时所要取得的首要信息就是对方的需求。在面对这一问题时，不少人常常习惯于凭借自己的经验主观判断对方，最终却可能错误地判断了对方的需求与偏好。

以下几个案例或许能帮助我们理解适当提问的意义：

顾客：你们还有同类产品吗？

销售员：当然有！（兴奋不已，心想成交了。）

顾客：有多少？

销售员：多得很，因为大家都喜欢买这种机型。

顾客：太可惜了，我喜欢独一无二的产品。

这就是没弄清对方真实需求的回答带来的负面效果。

那么，我们若是在实际销售中遇到这一情况，应当如何进行适当的提问呢？

顾客：你们还有同类产品吗？

销售员：您为什么会问这个问题呢？

顾客：我想知道你们到底有多少同类产品。

销售员：这样啊，您为什么会关心这个问题呢？

顾客：我喜欢独一无二的产品。

在合适的提问下，销售员获得了关于顾客需求的准确信息，这样也就能够灵活处理问题，采取相应办法回应。

再比如，当顾客提出"价格太高"时，销售员常见的反应往往是"价格是高了点，不过当你考虑其他优点时，真的会发现价格其实很合理"。但如果试试用恰当的提问来代替，你或许会收到不一样的效果：

顾客：价格太高了。

销售员：所以呢？

顾客：所以我们得说服公司，要先得到某些人的支持……

很多你觉得难以回答的问题，可以试着换过来问问顾客："你觉得解决这个问题最好的处理方式是什么？"让顾客自己解决自己提出的问题，这会比你通过揣测其心思而做出的解答更为中其下怀。

有销售大师总结，要想获得客户需求信息最好的方式就是提问。提问是发现需求的好方法。

《圣经》上说："你问就会得到回答。"但并不是所有的提问都会得到你预期的回答。要想得到你需要的回答，还需要提升你提问的技巧。得当的提问可以帮助你处理好与客户的交易，推动销售的进程，但是如果运用得不好，有可能会破坏会谈。太多的问题容易让客户感到被信息塞满了头脑，过于咄咄逼人的问题也会让客户感到像在受审。

因此，必须学会如何设计你的提问，让巧妙的提问有效地帮助你洞察对方的需求，获得对你有利的信息。

　　要设计出成功的提问，还有几个方面必须注意：

　　（1）记住用提问为自己争取控制权。只要不犯错误，提问会使你处于强势，建立你在销售说服中的主动权与控制权。无论提问使你感到多么的拘谨，但要想推动你所进行的销售交流，不要忘记适时让"提问"来帮忙。

　　（2）通过提问来回答问题。顾客常常会提出一些难以回答的问题，通过反问我们常常可以巧妙地化险为夷，把问题还给客户，同时获取更多的有力信息。例如，当客户问"你的产品有什么其他产品不具备的优势吗"，你不用直接解释产品的特征和长处，而可以问他："你对我们的产品很熟悉吗？"通过这个问题，你能了解他仅仅是想了解更多信息，还是在挑战你的方案，这将指引你做出相应的回答。

　　（3）提问后适当保持沉默。如果你希望对方很快地回答问题，在你主动提问后，最好立刻住口。交谈中的短暂沉默会创造一种自然真空，这种真空会自动把责任放在回答问题的人身上。或许大多数的销售员对于交谈中的沉默觉得非常不舒服，而习惯于主动打破沉默。但你必须要克制这种情绪，记住，如果你不打破沉默的话，你的客户将提供给你有价值的信息。

巧妙追问，逐步打消对方的疑虑

心理学中，顾虑是害怕对自己、对人或对事情不利而迟迟不敢下决心或不敢按本意行动的一种心理状态。

在人们的日常生活中，顾虑心理是普遍存在的。比如，有的人与别人打交道时总爱想：他可靠吗？他会瞧得起我吗？而当别人建议他做某事时，他又想：这合适吗？失败了怎么办？这些都是顾虑心理的表现。

尤其是与陌生人的初次交往，持有一定的戒备心理是可以理解的。但是，要打消对方的疑虑，可以采用追问的方式。

1.不断抛出问题

销售人员："您好！韩经理，我是××公司的×××，今天打电话给您，主要是想听听您对上次和您谈到的购买电脑的反馈意见。"

客户："啊，你们那台电脑我看过了，品牌不错，产品质量也还好，不过我们还需要考虑考虑。"

（客户开始提出顾虑，或者说是异议。）

销售人员："明白，韩经理，像您这么谨慎的负责人做事都会考虑得十分周全。只是我想请教一下，你考虑的是哪方面的问题？"

客户："你们的价格太高了。"

销售人员："您主要是与什么比呢？"

客户："你看，你们的产品与×××公司的差不多，而价格却比对方高出1000多块钱呢！"

销售人员："我理解，价格当然很重要。韩经理，您除了价格以外，买电脑您还关心什么？"

客户："当然，买品牌电脑我们还很关心服务。"

销售人员："我理解，也就是说服务是您目前最关心的一个问题，对吧？"

客户："对。"

销售人员："您看，就我们的服务而言……您看我们的服务怎么样？"

客户："你们的技术支持工程师什么时候下班？"

（客户还是有些问题，需要解释，这是促成的时机。）

销售人员："一般情况下，晚上11点！"

客户："11点啊。"

（听到客户有些犹豫。）

销售人员："是这样的，也是考虑到商业客户一般情况下9点钟都休息了，所以才设置为11点的，您认为怎么样？"

客户："还好。"

（客户开始表示认同，这就等于发出了购买信号，这时可以进入促成阶段了。）

销售人员："韩经理，既然您也认可我们产品的质量，对服务也满意，您看我们的合作是不是就没有什么问题了呢？"

客户："其实吧，我是在考虑买兼容机好一些呢，还是买品牌机好一些，毕竟品牌机太贵了。"

（客户有新的顾虑，这很好，只要表达出来，就可以解决。）

销售人员："当然，我理解韩经理这种为公司节省采购成本的想法，这个问题其实又回到我们刚才谈到的服务上。我担心的一个问题是，您买了兼容机回来，万一这些电脑出了问题，您不能得到很好的售后服务保障的话，到时带给您的可能是更大的麻烦，对吧？"

客户："对呀，这也是我们为什么想选择品牌机的原因。"

销售人员："对、对、对，我完全赞同韩经理的想法，您看关于我们的合作……"

客户："这事，您还得找采购部人员，最后由他们下单购买。"

销售人员："那没关系，我知道韩经理您的决定还是很重要的，我的理解就是您会考虑使用我们的电脑，只是这件事情还需要我再与采购部人员谈谈，对不对？"

在这个案例中，电话销售人员成功地消除了客户的疑虑，最终取得了成功。

在进行产品介绍和要求订货时，大多数客户总会对产品心存疑虑。他们担心的问题可能是客观存在的，也可能只是心理作用。销售人员应该采取主动的方式，发现客户的疑问，并打消客户的疑虑。

例如，他们说："我还是再考虑考虑。"这只不过是一种推托之语，销售人员追问一句，他们往往会说："如果不好好考虑……"这还是一种婉转地拒绝。怎样才能把他们那种模棱两可的说法变成肯定的决定，这就是销售人员应该来完成的事。

当客户说："我再好好考虑……"

销售人员就应表现出一种极其诚恳的态度对他说："你往下说吧，不知是哪方面原因，是有关我们公司方面的吗？"

若客户说："不是，不是。"

那么销售人员马上接下去说："那么，是由于商品质量不高的原因？"

客户又说："也不是。"

这时销售人员再追问："是不是因为付款问题使您感到不满意？"追问到最后，客户大都会说出自己"考虑"的真正原因："说实在话，我考虑的就是你的付款方法问题。"

不断地追问，一直到他说出真正的原因所在。当然，追问也必须讲究一些技巧，而不可顺口答话。例如，销售人员接着他的话说："您说得也有道理，做事总得多考虑一些。"这样一来，生意成功的希望则成为泡影。

2. 不断回答问题

销售人员："这款笔记本电脑的运行速度还是相当快的，何况我们的售后服务也很周到，毕竟是著名品牌嘛！"

顾客："前两天新闻说，你们准备削减保修网点了，而且，对许多属于产品质量的问题还回避，甚至服务热线都拨不通，一直占线，是怎么回事？"

销售人员："那是有一些顾客故意找碴儿，属于自己失误操作导致笔记本无故死机，完全是不正当操作导致的，不属于保修范围，当然就不能保修了。"

顾客："只要顾客有争议，你们都说有理。再说了，计算机这个事情，谁说得准，怎么能相信你们呢？"

无论销售人员怎么解释，潜在顾客就是不让步，咄咄逼人。

案例中销售人员的回答方法是不可取的，当顾客提出"听说你们的售后服务不好"这样的问题时，销售人员不要做出以下回答：

（1）销售人员："不会啊，我们的售后服务可好了！"（直接的否定会让顾客对你及你的品牌更加不信任）

（2）销售人员："您放心，我们的产品绝对保证质量！"（答非所问，难以让顾客信服）

（3）销售人员："您听谁说的，那不是真的！"（质问顾客，极力否认只会适得其反）

这个时候，销售人员正确的回答方法应该是有效使用"垫子"。案例中的销售人员应采用如下回答方式："您真是行家，这么了解我们的品牌，而且，对于采购笔记本电脑特别在行，问的问题都这么尖锐和准确。"此时要停顿片刻，让潜在顾客回味一下。然后，接着说："许多顾客都非常关心产品质量和保修问题，当产品发生问题时，顾客首先要得到尊重和保障的，我们会送国家工商部门批准的质量部门鉴定产品质量问题的责任归属，一旦最后鉴定的结果是我们负责，那么我们就承担所有的责任。在产品送去鉴定的过程中，为了确保顾客有电脑使用，我们还提供一个临时的笔记本电脑供顾客使用，您看这个做法您满意吗？"

销售的过程是相互交流的过程，顾客在销售对话时也会问问题。有时他们的问题似乎是反驳性的，但实际上只是顾客对自己思路的澄清，不然就是企图将销售人员重新引导至正确的产品或服务上。面对顾客对销售人员的某个问题提出反驳，销售人员不应对顾客的反驳予以辩解，而要反思自己交流环节是否出了问题，并且对问题环节加以调整，及时回到销售的正轨。

当顾客问一些挑衅性问题时，销售人员不能正面反驳顾客的挑衅，而应采取柔性引导方式，从侧面提供解决方案。

运用反问技巧，引导对方意见

反问就是用疑问的形式表达某种确定的意思，只问不答，因为答案很明显不需要回答。它能够把确定的意思表达得更鲜明、更强烈。

有时候运用反问的句式，往往能比正面提问更有力量，更能表达爱憎之情，更具有强烈的批判和讽刺的作用。很多时候，还可以用反诘转守为攻，造成心理上的优势和咄咄逼人的气势，置对方于被动的地位。

1. 把难题抛给对方

有一次，一位英国电视台记者采访中国作家梁晓声。记者老练机智，在进行一些交谈后，他突然提出一个问题："没有'文化大革命'，可能也不会产生你们这一代青年作家，那么'文化大革命'在你看来究竟是好是坏？"梁晓声一怔，未料到对方竟会提出如此难以回答的怪题。他灵机一动，立即反问："没有第二次世界大战，就没有以反映第二次世界大战而著名的作家，那么您认为第二次世界大战是好是坏？"

对于"文化大革命"与产生青年作家之间的关系，一两句话是难以说清楚的。如果梁晓声顺着这个思路去回答，势必陷入尴尬的境地。在此，梁晓声巧妙地转移话题，反而把难题转移到对方自己头上去了，自己占据了主动地位。

2. 换位回答法

1956年在苏联共产党第二十次代表大会上，赫鲁晓夫作了"秘密报告"，揭露、批评了斯大林肃反扩大化等一系列错误，引起苏联及全世界各国的强烈反响，大家议论纷纷。

由于赫鲁晓夫曾经是斯大林非常信任和器重的人，很多苏联人都怀有疑问：既然你早就认识到了斯大林的错误，那么你为什么早先没有提过不同意见？你当时干什么去了？你有没有参加这些错误行动？

有一次，在党的代表大会上，赫鲁晓夫再次批判斯大林的错误。这时，有人从听众席递来一张字条，赫鲁晓夫打开一看，上面写着："那时候你在哪里？"

这是一个不便直接回答的尖锐问题，赫鲁晓夫的脸上很难堪。他不想回答但又不能回避这个问题，更无法隐瞒这个字条，这样会使他更丢面子，让人觉得他没有勇气面对现实。他也知道，许多人有着同样的问题。更何况，这会儿台下成千双眼睛已盯着他手里的那张字条，等着他念出来。

赫鲁晓夫沉思了片刻，拿起字条，通过扩音器大声念了一遍字条的内容。然后望着台下，大声喊道：

"谁写的这张字条，请你马上从座位上站起来，走上台。"

没有人站起来，所有的人都吓得心怦怦地跳，不知赫鲁晓夫要干什么。

赫鲁晓夫又重复了一遍他的话，请写字条的人站出来。

全场仍死一般的沉寂，大家都等着赫鲁晓夫的爆发。

几分钟过去了，赫鲁晓夫平静地说："好吧，我告诉你，我当时就坐在你现在的那个地方。"

面对当众提出的尖锐问题，赫鲁晓夫不能不讲真话。但是，如果他直接承认"当时我没有胆量批评斯大林"，势必会大大伤了自己的面子，也不符合一个有权威的领导人的身份。于是赫鲁晓夫巧妙地即席创造出一个场面，借这个众人皆知的场景来婉转、含蓄地隐喻出自己的答案。这种回答既不失自己的威望，也不让听众觉得他在文过饰非。同时赫鲁晓夫营造的这个场景还让所有在场者感到他是那么幽默、平易近人。

当不便回答的问题被提出时，往往是双方都觉得对方的言行不合适，这时，如果采取退一步思考问题的策略，把角色"互换"一下，就能够很顺利地继续交谈下去。

3.步步逼问法

东汉思想家王充敢于宣传无神论，批判鬼神迷信，是一位有胆有识的唯物论者。那时候，很多人都相信，人死后灵魂会变成鬼，还有人说自己真的见过鬼，说鬼的样子和穿戴跟人活着的时候一模一样。王充一下子就抓住了他们的破绽，反诘道："你们说一个人死了，他的灵魂就能变成鬼，难道它穿的衣服也有灵魂，也变成了鬼吗？按照你们的说法，衣服是没有精神的，不会变成鬼。如果真的看见了鬼，那它该是赤身裸体、一丝不挂才对，怎么还穿着衣服呢？"他的这番话把对方驳得张口结舌。

王充接着风趣地说："从古到今，不知几千年了，死去的人比现在活着的人不知多多少，如果人死了就变成鬼，那么，现在路上将到处都是鬼。可是，有几个人见过鬼呢？那些见过鬼的人，也只说看见了一两个，他们的说法是自相矛盾的。"

有人辩解说："哪有死了都变成鬼的，只有死的时候心里有怨气，精神没散掉，才能变成鬼。古书上不是记载过，春秋时期，吴王夫差把伍子胥放在锅里煮，又扔到江里。伍子胥含冤而死，心里有怨气，变成了鬼，所以每年秋天掀起潮水，发泄他的愤怒，可厉害了。怎么能说没有鬼呢？"

王充说："伍子胥的仇人是吴王夫差。吴国早就灭亡了，吴王夫差也早就死了，伍子胥还跟谁做冤家、生谁的气呢？伍子胥如果真的变成了鬼，有掀起大潮的力量，那么他在大锅里的时候，为什么不把掀起大潮的劲使出来，把那一锅滚水泼在吴王夫差身上呢？"

王充的反诘驳得对方哑口无言。

步步逼问法不仅要求能说，而且要求会听，能够抓住机会提出各种问题向对手进行连环式反击，令对方无招架之力而步步败退，从而一举赢得胜利。

4. 诱发反问法

刘先生是一位大学教授，有一天他回家在路上遇到一个小青年，非要和他谈心不可。刘先生抬头看看眼前的青年，留着小分头，上身红色衬衫，下穿牛仔裤，胸前却挂着一个耶稣受难的十字架。一看这身装束，刘先生便知道眼前这个青年的思想状况，于是刘先生便开始了一连串的诱发式反问。下面是他们的对话：

刘先生："你为什么要戴十字架呢？"

青年："我看着好看，挺好玩的，就买了一个戴上了。"

刘先生："你戴上后，你会祈祷吗？你懂弥撒仪式吗？"

青年："我知道，就是'主'啊、'阿门'啊什么的。"

刘先生："不对。"（背了一段祈祷词，讲解了弥撒的仪式）又说，"你读过《圣经》吗？你知道《圣经》都写了什么吗？"

青年："没有，不知道。"

刘先生耐心地向他解释了《圣经》的主要内容，然后话题一转说道："打个比方，有个女孩非常漂亮，相貌好，身材好，还有白皙的皮肤，看上去非常美，可是有一天你发现她心如蛇蝎、坑蒙拐骗，这时候你还认为她美吗？"

青年："内心与外表不和谐，当然不美。"

刘先生："有这样一个传道士，外表非常肃穆，内心对耶稣也很真诚，胸前挂着十字架，你认为他美吗？"

青年："内外和谐，当然美了。"

刘先生："阁下既不懂《圣经》又不是教徒，胸前却挂有一个十字架，难道你会认为这样很美吗？"

青年哑口无言。

诱发式提问是有意识地通过提问来使对方落入自己设计的圈套，从而迫使对方承认或否认某种言行，达到己方目的。

有时为肯定自己的观点，诱导性地提问，让对方紧紧围绕自己的论题思考，再以反问的形式肯定自己的观点，也可以迫使对方不得不接受。

巧用话语暗示，打消他人的疑虑

所谓"暗示效应"，即用含蓄的间接的方式对别人的心理和行为施加影响，从而使被暗示者不自觉地按照暗示者的意愿行动……此称之为"暗示效应"。一般来说，年轻人比年长者更易于接受暗示。

在社会交往中，当我们想要传达一个意思给对方或者希望对方按我们所想的去做时，可使用润物细无声的暗示手法，用旁敲侧击、潜移默化的方式去影响他人。这样既不会显得唐突，又不会得罪人，能自然而然地达到我们的目的。

当我们遇到敏感而易使别人产生误会的问题时，可以通过委婉含蓄的心理暗示，轻松而又不伤及他人地解决问题。这样你既顾及了别人的颜面，还在问题被妥善解决的同时，在别人面前显示了你的机智，会使别人对你刮目相看。

1. 用话语暗示回应对方的疑虑

很多人对陌生人尤其是对推销的人心存疑虑，有很多顾客在走进卖场前，都认真了解了自己想要的产品的大致价格范围，甚至确定了具体型号。而当自己非常熟悉的产品因为各种原因无法买到时，顾客已经比较焦虑，此时，加上销售人员对顾客预定产品的贬低和对新产品的抬高，顾客难免会有怀疑销售人员动机的想法。

顾客："我说我想要原来的那一款，你总是向我推荐我没有仔细研究的款式，而且似乎总是高端的产品，莫非你打算从中赚取差价？嗯……你是奸商吗？"

销售人员："……"

"……你是奸商吗？"这句话很冷很直接，足以使场面陷入十足的尴尬境地。不可否认，在转变顾客需求的过程中，经常会遇到顾客询问这个问题，这是顾客对销售人员极度不信任的表现。但归根结底，这是销售人员没有向顾客成功普及新产品知识和市场情况的结果，没能打消顾客的疑虑所致。

很多时候，转变顾客需求会变得非常麻烦，尤其是遇到心存疑虑、态度又比较坚决的"心重"型顾客的时候，这时你就不能一味地围绕着证明自己的"非奸商"身份的话题来展开，否则会越描越黑。

销售人员可以按照以下模板灵活应对顾客："这位大哥您的想法很有必要，毕竟现在市场上确实有一些不良销售人员借机欺诈顾客，但那些销售人员都是没有固定店铺，游走于电器城的闲散人员。咱们这家家电卖场是正规公司，我们这些销售人员都是经过公司正规培训而且有公司监督的，我们始终以信誉为本，您放心好了！

"此外，您要购买的产品因为市场销量不是很好，大部分卖场库存都没有进很多货，因此在市场上不好买到。我之所以向您推荐另一款产品，并不是说我能从其中多赚多少钱，不信您可以从我们卖场的联网电脑上查询一下其他卖场的价格情况，作为一名销售人员，为您提供满意且高效的服务从而节省您宝贵的时间和金钱是我们义无反顾的责任。

"另外，拥有和您原来想购买的产品一样的功能甚至比那款产品性能还要好的有好几款产品，这些产品有很多都是针对原有产品性能缺陷的改进款，从而让您使用得更加安心，比如这款 D 型号的产品，其省电效率就比原来那款高，而且更静音。"

这时候，顾客重新被吸引，销售人员就可以展示自己的专业解说了。应对顾客刻薄的怀疑，你不仅要以各种方式还自己以清白，更要以顾客为中心，普及新产品的优势和市场状况，让顾客了解市场，消除消极的疑虑。

2. 给予针对性的回复

销售过程中及时领会客户的意思非常重要。只有及时领会客户的意图，读懂其弦外之音，才能有针对性地给予答复，消除其顾虑，并为下一步的销售创造条件。

迈克是一个公司的销售人员，这个公司专门为高级公寓清洁游泳池，还包办一些景观工程。伊蓝公司的产业包括 12 幢豪华公寓大厦。迈克为了拿下这个项目和公司董事长史密斯先生交谈。

情景一：

史密斯："我在其他地方看过你们的服务，花园弄得还算漂亮，维护修整做得也很不错，游泳池尤其干净。但是一年收费 10 万元，太贵了吧？"

迈克："是吗？你所谓'太贵了'是什么意思？"

史密斯："现在为我们服务的 C 公司一年只收 8 万元，我找不出要多付两万元的理由。"

迈克："原来如此，但你满意现在的服务吗？"

史密斯："不太满意，以氯处理消毒，还勉强可以接受，花园就整理得不太理想；我们的住户老是抱怨游泳池里有落叶。住户花费了那么多，他们可不喜欢住的地方被弄得乱七八糟！虽然给 C 公司提了很多次意见，可是仍然没有改进，住户还是三天两头打电话投诉。"

迈克："那你不担心住户会搬走吗？"

史密斯："当然担心。"

迈克："你们一个月的租金大约是多少？"

史密斯："一个月 3000 元。"

迈克："好，这么说吧！住户每年付你 36000 元，你也知道好住户不容易找。所以，只要能多留住一个好住户，你多付两万元不是很值得吗？"

史密斯："没错，我懂你的意思。"

迈克："很好，下面我们可以草拟合约了吧？什么时候开始好呢？月中，还是下个月初？"

情景二：

史密斯："我对你们的服务质量非常满意，也很想由你们来承包。但是，10万元太贵了，我实在没办法。"

迈克："谢谢你对我们的赏识。我想，我们的服务对贵公司很适用，你真的很想让我们接手，对吧？"

史密斯："不错。但是，我被授权的上限不能超过9万元。"

迈克："要不我们把服务分为两个项目，游泳池的清洁费用45000元，花园管理费用55000元，怎样？这可以接受吗？"

史密斯："嗯，可以。"

迈克："很好，我们可以开始讨论管理的内容……"

情景三：

史密斯："我在其他地方看过你们的服务，花园很漂亮，维护得也很好，游泳池尤其干净。但是一年收费10万元，太贵了吧？我付不起。"

迈克："是吗？你所谓'太贵了'是什么意思呢？"

史密斯："说真的，我们很希望从年中，也就是六月一日起，你们负责清洁管理，但是公司下半年的费用通常比较拮据，半年的游泳池清洁预算只有38000元。"

迈克："嗯，原来如此，没关系，这点我倒能帮上忙，如果你愿意由我们服务，今年下半年的费用就38000元，另外62000元明年上半年再付，这样就不会有问题了，你觉得呢？"

迈克能及时领会史密斯的话，巧妙地做出适当的回应，并不断地提出益于销售的有效方案，使事情朝越来越好的方向发展。

如果迈克没有及时领会史密斯的话，就无法很好地解除对方的疑虑。

对于推销人员来说，客户的某些语言信号不仅有趣，而且预示着成交有望。很多销售人员在倾听客户谈话时，经常摆出倾听客户谈话的样子，内心却迫不及待地等待机会，想要讲他自己的话，完全将"倾听"这个重要的武器舍弃不用。如果你听不出客户的意图，听不出客户的期望，那么，你的销售就会跟射错了方向的箭一样徒劳无功。

要是一个推销人员忙于闲谈而没有听出这些购买信号的话，那真的非常可惜。除了领会客户的话外之音，还需要掌握一些沟通技巧，从客户的话语中挖掘深层次的东西；而在领会客户的意思以后，要及时回答；当客户犹豫不决时，要善于引导客户，及时发现成交信号，提出成交请求，促成交易。

第三章

打动人心的说服，暗藏规律可循

从他得意的事谈起，说服便水到渠成

说服其实并非难事，关键在于怎样让对方接受你、不排斥你。因为一般被说服的对象都会对前来说服的人有所排斥和提防。

说服别人前，先谈一些对方得意的事情，往往会令对方心花怒放，自然也会忘记保持距离，此时再进行说服，自然就会容易多了。

1. 讲对方值得终身纪念的事

生活中每个人都有自己认为得意的事情，事情本身究竟有多大价值，且不需深究，而在他本人看来，却认为是一件值得终身纪念的事。

当然，我们还可以向说话者提一些问题。这些提问既能表明你对说者话题的关注，又能使说者有机会说出欲说无由的得意之言，也更愿意与你进一步交流。

几名学生要向老教授讨教学问，但他们和老教授并不相熟。其中有一个学生对老教授说："老师，您当学生时也一定有值得回忆的校园生活吧？"这让老教授打开了话匣子，向学生们回味着自己当年读研时候的杂事，说："你们现在的生活可真丰富，校园内有体育馆，校园外有游乐园。我当年在你们这个阶段，生活的世界里只有课堂、图书馆和宿舍。"

学生们微微一笑，老教授继续说道："不过，那个时候精力都用在读书上也好，搞科研嘛，基础知识不扎实根本无法谈及创新。还记得我的一个课题是关于青藏高原地质变迁的问题，当时我不仅要查自然地理方面的书，还要查很多地质演变与生物演化方面的书。当时科技根本没有现在这么发达，哪里有什么计算机、文献电子稿啊，完全依靠图书馆里纸质的资料，可比你们现在做项目难多喽！"说着，教授停顿了下来，拿起茶杯饮了两口。

这时，其中一个专心倾听的学生礼貌地问道："老师，您当年的研究方向是青藏高原的地质变迁问题，可参考资料却涉及区域内的生物演化，当时是不是很少有人将这两个角度结合考虑？"

听完，教授会心地看了看这位"好问"的学生，然后得意地说道："很多时候，没人想到的地方你想到了，才会有意外的收获，才能够创新。不信，我们来举个现在的例子，就说说你现在的课题吧！"接着，教授在得意于自己创意思考的同时，更为那名巧妙提问的学生进行了很有创意的课题指导……

你如果能预先打听清楚，在有意无意之间很自然地讲到他得意的事情，只要他对你没有厌恶的情绪，只要他目前没有其他不如意的事情，在情绪正常的情况下，他一定会高兴地听你说的，当然此时说服他就容易得多了。

你可以先抛出引子，让对方打开话匣子，使他认为你是他的知己。到了这种境地，他自然会格外高兴，会亲自讲述，你应该一面听、一面说几句表示赞赏的话，如此一来，即使他是个冷静的人，也会变得和蔼可亲，你再利用这个机会稍稍暗示你的意思，进行试探，想要办的事就能在不动声色中办好了。

但是必须注意，对方得意的事情，是否曾遭到某种打击而消灭，如有这种情形，千万别再提起，以免引起对方不快。因为对方在高兴的时候，你的请求，易于接受；在对方不高兴的时候，虽是极平常的请求也会遭到拒绝。比如对方新近做成了一笔生意，你称赞他目光精准、手腕灵活，引得他眉飞色舞，乘机暗示来意，容易达到目的。

2. 讲对方最得意的兴趣爱好

几乎每个人都有自己最得意的地方，比如在兴趣爱好方面。如果在兴趣爱好方面讲得投缘，能使本来很有距离的双方达到某种"共识"，使进一步的交流成为可能。

有个商人新开了一家大型书店，想请某著名书法家为其题字。于是，这个商人和一位朋友去拜访这位书法家。谁知那位书法家为人严肃，平时不苟言笑。坐了半天，除了开头说了几句应酬话，剩下的只是让人尴尬的沉默。

忽然，那个商人看到书法家的鱼缸中养了几条热带鱼，其中几条色彩斑斓，游起来让人眼花缭乱。那个商人知道这鱼叫"地图"，自己也养了几条，还很得意地为朋友介绍过。书法家见那个商人神情专注，就笑着问："还可以吧？才买的，见过吗？"商人说："还真没见过。叫什么名字？改天我也养几条呢！"当时他的朋友不解地看看他，心想："装什么糊涂，你不是上星期才买了几条养在家里吗？"

书法家一听，来了兴致，神采飞扬，大谈了一通养鱼经，那个商人听得频频点头。那位书法家像是遇到了知音，说说笑笑，如数家珍地给他讲每条鱼的来历、名称、特征，又拉着他到书房看他收集的各类名贵热带鱼的照片，气氛顿时活跃起来。他们一直聊到吃过晚饭才走。而在聊天中，那位书法家得知商人的大型书店开张在即，甚至主动提出赠给对方一幅题字，恭贺他生意兴隆。这时，朋友才明白商人说谎的用意。

一句谎话使书法家前后判若两人，本来几乎陷入僵局的交谈又顺利进行下去了，这都归功于商人从书法家的兴趣爱好中找到切入口。

你在说话的时候当然要注意技巧，表示敬佩，但不要过分推崇，否则会引起他的不安。不过对方得意的兴趣爱好要从哪里去探听，那当然要另谋途径，试着在你的朋友之中找一下是否有与对方交往的人，如果有，向他探听当然是最容易的。如能留心报纸上的新闻或其他刊物，平日记牢关于对方的得意事情，到时便可以应用。此外，随时留心交际场合中的谈话，像这些时候谈到对方得意的事情，也是很平常的。

3. 夸奖对方的子女

刘晓是一个生意人，他起步比较晚，而且资本也不雄厚，但是他善于外交，和各种人的关系都很不错，应付各种场合都游刃有余，生意也一直很顺利。

有一天，刘晓参加一个饭局，对方张老板要跟他谈一笔大生意，张老板的儿子也在场。刘晓到的时候，父子俩正在抬杠。

"朋友之间的交情，酒越喝越浓厚，而赌钱越赌越淡薄。"张老板骂儿子，"你就是喜欢赌，我每次到赌场去，十次有九次都可以看到你。"

"你不要说别人，你去十次九次可以遇到我，还有一次遇不到，说明你比我多一次！"小张讽刺道。

"你这孩子，没大没小！"张老板气得直拍桌子，"都这么大人了，还没有规矩，顶嘴闹事。"

刘晓看他们一团糟糕，觉得非常好笑。老张对刘晓说："这孩子，从小就被他妈惯得厉害，让刘老板见笑了。"

"张老板您说的哪里话，我倒是觉得，这位小老弟仪表堂堂，说话有理有据，是一个难得的外交人才，做事肯定会很漂亮的。"

这句话说得张老板很高兴。他正经地说道："刘兄啊，'玉不琢，不成器'，我这个孩子，只会要些聪明，得好好磨炼磨炼。"

此后生意场上的事，一切水到渠成。

在父母眼里，再不成器的子女都是自己的心头肉。别人夸赞自己的子女，这是他最为得意的时刻。谈话人懂得灵活应对、察言观色、看人说话，有这种功夫的人，不管去到哪儿，都容易得到他人的肯定和帮助。

不过你在说服别人时，第一，要看时机是否成熟，第二，说服过程中要不卑不亢。过分显出哀求的神情，反而会引发对方藐视你的心理。尽管你的心里十分着急，但说话表情还是要表现得大方自然，不要只为自己打算，而是要说出为对方着想的理由来。

顺毛抚驴，让对方听你的话

很多时候，我们会遇到一些非常倔强的说服对象。这类人就像一头倔驴，对其溜须拍马，弄不好就拍到驴腔上；对其苦口婆心，轻者"对牛弹琴"不起任何效果，重者可能还会被他踢伤。

对此，我们可以从爱抚宠物上得到启示：每当我们顺着宠物的毛轻抚它时，它就会又乖又听话。相反，他们就会感觉不舒服，即使不咬你抓你，也会不高兴地跑开。

人也是如此，虽然没有一身的"毛"让你抚摸，但人的性情、脾气、观念，即所谓的"自我"，相当于宠物的"毛"。你如果能摸清他的性格，顺着对方的脾气和他交往，他当然就会听进去你的说服之言，从而接受你的想法。

1. 顺毛摸的艺术

达威尔诺先生原想为纽约一家旅馆供应面包。4年期间每周他都去找旅馆负责人。他甚至在旅馆里订了房间住在那里，以便达成交易。但是，依旧还是没能谈成。"但后来，"达威尔诺先生说，"我考虑了人的相互关系的本质以后，我决定改变策略，弄清旅馆负责人对什么感兴趣。"

"我了解到，他是美国旅馆服务员协会的成员。不仅是这一协会的成员，而且还是协会的主席。无论这一协会的代表大会在什么地方开，即便是跋山涉水、漂洋过海，他也会出席。"

"于是，第二天见到他，我开始谈起这个协会。结果如何？他非常起劲地跟我谈了半个小时。我一下子明白了，他比较热衷于这个协会。当时，我压根儿没谈面包的事。可没过几天，旅馆的财务管理员打电话给我，请我带样品和价目表去。

"'我不知道，您和他在一起干了些什么，'财物管理员对我说，'但是您可以相信，您现在可以和他达成协议了。'

"想想吧！我想达成这个协议已经有4年了。假如我能早点儿不费劲地了解到这个人对什么感兴趣和他想谈什么的话，早就达成协议了。"

爱抚宠物最基本的方法就是顺着它的毛轻抚。每当主人有这个动作时，猫就会眯起眼睛，并发出满足的叫声；狗呢，就快乐地摇起尾巴，甚至回过身来舔你的手你的脸，作为对你的回应。如果逆着毛摸呢？可能宠物就不会这么乖顺。

"顺毛摸"只是手段，而不是目的，它是一种特殊的"捧"，运用得好，可以事半功倍。脾气再大，城府再深，主观再强的人也吃不消这一招。

2. 夸奖对方的优点

假如一个好工人变成粗心大意的工人，你会怎么做？你可以解雇他，但这并不能解决任何问题。你可以责骂那个工人，但这只能引起怨怒。

亨利·汉克，是印第安纳州洛威市一家卡车经销商的服务经理，公司里有一个工人工作每况愈下，而且性格比较倔强。为了转变他的工作态度，亨利·汉克没有对他吼叫或威胁他，而是把他叫到办公室里来，跟他进行了坦诚的交谈。

他说："希尔，你是个很棒的技工。你在这里工作也有好几年了，你修的车子都很令顾客满意。有很多人都赞美你的技术好。可是最近，你完成一件工作所需的时间却加长了，而且你完成的质量也比不上你以前的水平。也许我们可以一起来想个办法解决这个问题。"

希尔回答说他并不知道自己没有尽到职责，并且向他的上司保证，他以后一定改进。

他做了吗？他肯定做了。他曾经是一个优秀的技工，他怎么会做些不及过去的事呢？

包汀火车厂的董事长撒慕尔·华克莱说："假如你尊重一个人，这个人是容易被诱导的，尤其是你尊重他是因为他有某种能力时。"

总之，你若要在某方面去改变一个人，不妨以为他已经有了这种杰出的特质。正如莎士比亚曾说："假如他没有一种德行，就假装他有吧！"顺着他们的"毛"给他们一个好的名声来作为努力的方向，他们就会听你的话，痛改前非，努力向上，而不愿看到你的希望破灭。

3. 让对方心里听着舒服

对于那些地位显赫、有权有势的人，想要说服他，更要学会"顺着毛摸"的说服策略。

古时候，有位宰相请理发师给他修面。那位理发师修面修到一半时，忽然停下剃刀，两眼直愣愣地看着宰相的肚皮。

宰相见理发师傻乎乎发愣的样子，心里很纳闷：这肚皮有什么好看呢？就问道："你不修面，却看我肚皮，这是为什么呢？"

"听人们说，宰相肚里能撑船，我看大人您的肚皮并不大，怎么可以撑船呢？"

宰相一听，哈哈大笑。

"那是讲宰相的度量十分大，能容天容地容古今，对鸡毛蒜皮的小事从不斤斤计较。"

理发师一听这话，"扑通"一声跪倒在地，哭着说："小人该死，方才修面时不小心，将大人您的眉毛刮掉了，万望大人大德大量，恕小的一罪！"

宰相听说自己的眉毛被刮了，不禁怒从心起，正想发作，转念一想：刚才自己还讲宰相的度量很大，我怎么会为这点儿事治他的罪呢？于是，只好说："不妨，用眉笔把眉画上就行了。"

聪明的理发师以曲折迂回之法，让宰相自己说出"度量十分大"，然后继续顺着毛摸，层层诱导宰相进入自己早已设定的能进难退的"布袋"中，幸免了一场灾难。

利用从众心理，让他"理所当然"被说服

动物中常常存在这样一种现象：大量的羊群总是倾向于朝同一个方向走动，单只的羊也习惯于加入羊群队伍并随着其运动的方向而运动。这一现象被动物学家称作"羊群效应"。心理学家发现，在人类社会中，也存在着这样一种羊群效应。心理学家通常把"羊群效应"解释为人们的"从众心理"。

"从众"，指个人受到外界人群行为的影响，而在自己的知觉、判断、认识上表现出符合于公众舆论或多数人的行为方式。

每个生活在社会中的人都在设法寻求着"群体趋同"的安全感，因而也会或多或少地受到周围人倾向或态度的影响。大多数情况下，我们认为，多数人的意见往往是对的。

1. 从众心理激发对方兴趣

著有《提问销售法》的托马斯·福瑞斯可以说是将"从众心理"在销售中运用得得心应手的前辈和典范。

1990 年，时任 KW 公司堪萨斯城地区销售经理的托马斯·福瑞斯需要开办一场关于公司 CASE 工具的研讨会。在尝试各种传统的拜访程序受阻后，福瑞斯想到了一个好方法：如果大部分人都倾向于 KW 公司的 CASE 工具，其他客户一定也会想要了解究竟。

于是福瑞斯改变了策略，他不再乞求客户参加会议，而是让他们知道其他人都会去，并希望他们不会被遗漏在外。

福瑞斯与客户这样说道："你好，客户先生。我叫托马斯·福瑞斯，是 KW 公司在堪萨斯城的地区经理。很荣幸通知您，我公司将在 8 月 26 日在 IBM 的地区总部召开 CASE 应用程序开发研讨会，还记得我们给您发过的请柬吗？

"这次出席我们的研讨会的有百事可乐公司、美国运通公司、万事达公司、联邦储备银行、堪萨斯城电力公司、西北寿险公司等公司的研发经理。当然，这些只是名单中的一小部分。坦率地说，我想这次会议的参加人数可能是破纪录的，将会超过 100 人。我打这个电话是因为我们还没有收到贵公司的同意回复函，我需要确定您不会被遗漏在外。"

毫无意外，福瑞斯的这次研讨会最终取得了"破纪录"的成功。虽然大多数同意前来的客户都是因为"其他人"也会来，但事实上，当他们来的时候，"其他人"也的确都来了。

在销售过程中，"从众理论"是一个非常有力的技巧，它可以帮助你建立信用度，同时激发客户的兴趣。

当你对你的客户说"我只是想确定你不会被遗漏在外"的时候，他一定会好奇自己可能错过什么东西，并且会主动询问进一步的情况。这就是"从众"的微妙之处，他提供给客户心理上的安全感，并促使他们做出最后决策。

如果一个人对自己的决策没有把握时，会习惯性地参照周围人的意见。通过了解他人的某种定向趋势，为自己带来决策的安全感，认为自己的决策可以避免他人的失败教训，从他人的成功经验中获益。

让对方感觉到他"周围的每个人"都存在某种趋势时，他也会向这一趋势发展。"从众心理"为我们带来的就是这样一种全新的说服技巧。

2. 熟练运用名人效应

当听到别人也做出了这样的决策，尤其是自己所仰慕的人时，就会激发起自己对"名人"的从众心理。

销售员："是刘总啊，您好，您好！"

客户："小汪，我上回看中的那辆尼桑，还没有谁付下订金吧？"

销售员："哦，那个车，客户来了都要看上几眼，好车嘛。但一般人哪买得起，这不，它还等着刘总您呢。"

客户："我确实中意这辆车，你看价格上能否再优惠些，或者我是否有必要换一辆价位低一点儿的？"

（小汪知道，换车，只是刘总讨价还价的潜台词。）

销售员："价格是高了一点儿，但物有所值，它确实不同一般，刘总您可是做大生意的人！开上它，多做成两笔生意，不就成了嘛。"

客户："你们做销售的呀，嘴上都跟抹了蜜似的。"

销售员："刘总，您可是把我们夸得太离谱了呀。哦，对了，刘总，××贸易公司的林总裁您认识吗？半年前他也在这儿买了一辆跟您一模一样的车，真是英雄所见略同呀。"

客户："哦，林总，我们谁人不知啊，只是我这样的小辈还无缘和他打上交道。他买的真是这种车？"

销售员："是真的。林总挑的是黑色的，刘总您看要哪种颜色？"

客户："就上回那辆红色吧，看上去很有活力，我下午去提车。"

小汪先是赞美客户，获得客户的好感，为最后的成交奠定基础；然后，使出"撒手锏"："对了，刘总，××贸易公司的林总裁您认识吗？半年前他也在这儿买了一辆跟您一模一样的车，真是英雄所见略同呀。"看似不经意的一句话，其实是充分利用了潜在客户的从众心理，通过他人认同影响潜在客户，促使潜在客户作出购买决定。

聪明的销售员应该知道，你的销售并不是一味地劝说客户购买你的产品，而是让潜在客户了解，你的其他大多数客户做出最后决策之前都面临过与他们相似的问题。而你要做的是与你的客户分享其他客户成功的经验，从而消除客户的逆反心理，自然，你的产品就不愁没有销路了。

"从众心理"的存在给了你说服对方的一个理由，诸如"××明星也用我们的产品""今年的流行是我们引领的"，或者是更直白的"送礼只送×××"之类的广告信息，让对方觉得所有人都在用我们的产品——你当然不能例外。

3. 激发对方的攀比心理

从众心理也是一种想跟他人同步调、同节奏的心理，是那种想过他人向往的生活、不愿落于潮流之后的心理在作祟。

妻子："听说小张买了房子，而且还是座小型花园别墅，总共有90平方米。真好啊！我们的一些朋友都已经陆续有了自己的家。唉，真是让人羡慕，什么时候我们也能和他们一样呢？"

丈夫："啊，小张？真是年轻有为啊！我们也得加快脚步才行，总不能在这里待上一辈子吧。可是贷款购房利息又沉重得惊人。"

妻子："小张还比你小5岁呢。为什么人家可以，你就不行呢？目前贷款购房的人比比皆是，况且我们家也还负担得起。试试看嘛！不如这个星期我们去看看吧。现在那种花园别墅正在促销呢。买不买是另一回事，看看也不错！"

于是星期天一到，夫妇俩就带着孩子去参观正在出售的房子。

妻子："这地方真好啊！环境好又安静，孩子上学也近，而且房价也是我们负担得起的。一切都那么令人满意，不如我们干脆登记一户吧！"

丈夫："嗯，是啊！的确不错。我们应该负担得起。就这么决定吧！"

这句话正中妻子的下怀。她早看准了丈夫的决心一直在动摇，而用旁敲侧击的方法让他做出决定，这是妻子的成功所在。

这位妻子为何能够如愿以偿呢？因为她懂得去激发从众心理。

上述例子中的妻子成功地掌握了丈夫的从众心理，进而采取相应的说服对策。她先举出邻居张先生的例子，继而运用"大家都买了房子""大家都不惜贷款购屋"等一连串话语来激发丈夫的从众心理。

正是由于从众心理的存在，那种不顾自身财力和精力，也不管是否真心愿意而豁出去做的念头，就很容易趁势而入来支配人们的行为，促使人们盲目地做出与他人相同的举动，因而陷入生活拮据的窘境。"大家都这样"等字眼的频繁使用，正是这种"从众"心理的体现。

通常人们在受到这类刺激后就很容易变得没主见，掉入盲目附和的陷阱。所以，推销员或店员经常会搬出"大家都在用"等推销话语，促使人们毫不犹豫地接受。

与人打交道的过程中，抓住从众心理这一点，说服其实已经不难进行了。

唤醒自我意识，使他走出阴影

人生变幻无常，我们有时难免会陷入失意之中。心理学家认为，这是因为自我意识没有被唤醒。

人的自我意识有很多种，比如年龄意识、性别意识、社会角色意识等。例如年龄意识，一般情况下，人到了某个年龄阶段就会出现某种心理特征，但有的人却迟迟不出现。这时，只要你点拨他一下，他就会醒悟，从而发生心理上的飞跃。

所以，正确的自我意识一旦被唤醒，人也就会从失意中振奋起来。

1.给予积极的心理暗示

小姜的一个同学因患黄疸型肝炎被学校劝退休学，整天愁眉苦脸，总认为自己的病没有好转的可能，因而产生了悲观情绪，丧失了信心。小姜放假后，去这位同学住的医院探视他。一见面他就做出一副欣喜状，对这位同学说："哥们儿，你的脸色比以前好多了嘛！听医生说，你的黄疸指数已有所下降，这说明你的病情在好转啊！"

小姜的话客观实在，使朋友的精神为之振作。于是，他乐观地接受治疗，加速了康复进程，不久便病愈出院了。

人在遇到各种变故的时候，总会不由自主地心烦意乱，甚至悲观郁闷，有些人往往会因为自己的身心状况不佳而更加失落。

这时，作为一个鼓励的人，你如果想给他们带来好心情的话，就应该抓住某些好的方面，适时予以积极的暗示，这样才有助于唤起他们的自我意识，使其鼓起希望的风帆，积极地生活。

2. 打击后再说明道理

上大四的小孙恋爱三年了，不久前女朋友不知何故跟他吹了。他很伤心，整天精神恍惚。他的班主任王师知道此事后，特地赶来做他的工作。王老师一见面就说：

"我知道你失恋了，是来向你道贺的！"

小孙很生气，转身就走。

"难道你不问问为什么吗？"小孙停下来，等着听王老师的下文。

王老师说："大学生都希望自己快点成熟起来，失败能使人的心理、思想进一步成熟起来，这不值得道贺吗？大学生的恋爱大多属于非婚姻型，一是大学生在学习期间不大可能结婚，二是很难预料大家将来能否在一个地方工作。这种恋爱的时间又不长，随着知识的积累，人慢慢地成熟了，就有可能重新考虑对方，恋爱变局也就悄悄发生了。应该说，这是大学生心理成熟的一种重要标志，你这么放任自己的感情，是心理成熟还是不成熟的表现呢？另外，越到高年级，大学生越倾向于用理智处理爱情。这时，感情是否相投，性格是否和谐，理想和追求是否一致，学习和工作是否互助互补，都会成为择偶的标准，甚至双方家庭有时也会成为重点考虑的条件，这就是择偶标准的多元化。这种标准多元化更是大学生心理逐渐成熟的表现，也符合普遍规律。你女朋友和你分手是不是出于择偶条件的全面考虑？你全面考虑过你的女朋友吗？如何处理你目前的感情失落，你该心中有数了吧？"

王老师先设置悬念——"祝贺你失恋"，把小孙从感情的泥沼中"唤"了出来，然后通过合情合理的分析，唤醒他的理智，多次用"大学生失恋不是坏事，而是心理成熟的标志"的观点来加以点拨。王老师就是通过一步步唤醒小孙的自我意识，使他认为该用理智来处理感情问题，从而约束自己的感情，恢复心理平衡。

失意者心中往往憋着一股劲儿，只要这股劲儿没有得到梳理，就总是表现出悲伤的情绪。这种悲伤的情绪若不能得到正常的排除和化解，不仅会使人的生活变得暗淡萎缩，还有可能会演变成精神上的疾病。

想要帮助失意者摆脱这种心理状态，鼓励他们的自我意识，即唤醒他们的自我意识，是一种非常有效的手段，可以尽快使他们走出低谷，走向成功。

第四章

高明地拒绝，让对方愉快接受

敢于说"不"，但不要使别人感到别扭

在日常生活中，热情帮助别人，对别人的困难有求必应，有助于建立融洽的人际关系。但生活中也有这样的事，即别人求助于你的，恰恰是你感到为难的事。有时候，你必须对别人的要求做出回复，一般说来，肯定的、合乎对方期望的回答往往能使听者感到愉快，而否定的回答，尤其是直截了当地说"不"，则会使提问者感到失望和尴尬，甚至对你产生怨愤。拒绝就意味着将对方阻挡在门外，拂却了对方的一片"好意"，因此，说"不"需要很大的勇气。

当别人对你有所希求而你办不到不得已要拒绝的时候，这时，你要敢于说"不"，要让自己说出来的话能使对方接受，这样彼此之间的关系才不会受到影响。拒绝是一门艺术，能体现一个人的综合素养。你最好用婉言拒绝的方式，所谓婉言拒绝就是用温和曲折的语言，把拒绝的本意表达出来。与直接拒绝相比，它使别人不会感到那么别扭。

在生活中你真的不得不拒绝他人的时候，你当然会觉得难堪，不知怎样处理。直接说了"不"，或者又简单地说着拒绝的各种理由，你突然会发觉无论你怎样做，拒绝别人时，你都会感到尴尬。这时你只需要牢记：你不需要如临大敌，一定要像平时对待朋友那样去说出你的拒绝，要表达出你的遗憾，当然也要顾及他人的面子，一定要使你的拒绝跟接受一样使人感动。

1. 要敢于说出"不"

即使面对亲密之人的不当要求，我们一定要坚持自己的原则。

老周在法院工作，他朋友的亲戚犯了法，正好由他审理，朋友的亲戚托朋友请老周吃饭，并且给老周包了一万元钱的红包，要老周网开一面，从轻发落。如果老周接受了钱，就是知法犯法，到时弄不好会给自己招惹不必要的麻烦。而如果不接受，又可能伤了朋友之情，并让对方在亲戚面前脸面无光。老周左右为难，不知如何是好。

与人相处，大家经常会遇到像老周这样的情况，即面对爱人、亲人、好友等亲密之人的请求，比如借钱、帮忙做某事等等。许多时候，我们并不愿意答应这些请求，却又不好意思说"不"，这样，就会使自己陷入十分为难的境地。如果违心地答应下来，是为自己添烦恼；如果假装答应却不做，又失信于人。

一般来说，尽可能地帮助自己的亲密之人，这是人之常情。但是当他们的要求有违国家法律法规、有违社会公共道德或有违家庭伦理时，我们应坚守自己的原则立场，毫不留情地予以拒绝，还应帮助对方改变那些错误的思想和行为。

2. 给出明确的回应

30 岁出头就当上了二十世纪福斯电影公司董事长的雪莉·茜，是好莱坞第一位主持一家大制片公司的女士。为什么她有如此能耐呢？主要原因是，她言出必践，办事果断，经常是在握手言谈之间就拍板定案了。

好莱坞经理人欧文·保罗·拉札谈到雪莉时，认为与她一起工作过的人，都非常敬佩她。欧文表示，每当她请雪莉看一个电影脚本时，她总是马上就看，很快就给答复。而好莱坞的很多人看脚本就不这样，若是他们不喜欢的话，根本就不回话，而让你傻等。

通常一般人十之八九都是以沉默来回答，但是雪莉看了给她送去的脚本，都会有一个明确的回答，即使是她说"不"的时候，也把你当成朋友来对待。所以，这么多年以来，好莱坞作家最喜欢的人就是她。

拒绝别人不是一件什么罪大恶极的事情，也不要把说"不"当成是要与人决裂。是否把"不"说出口，应该是在衡量了自己的能力之后，做出的明确的回应。虽然说"不"难免会让对方生气，但与其答应了对方却做不到，还不如表明自己拒绝的原因，相信对方也会体谅你的立场。

千万不要因为不能说"不"而轻易地答应任何事情，而应该视自己能力所及的范围，尽可能不要明明自己做不到却不说，结果既造成了对方的困扰，又失去了别人对你的信任。

说"不"没什么开不了口的，只要站得住立场和对自己有益，就请勇敢地向别人和自己说"不"吧。

3. 拒绝时要讲究艺术

当你拒绝对方的请求时，切记不要咬牙切齿、绷着一张脸，而应该带着友善的表情来说"不"，才不会伤了彼此的和气。

两个打工的老乡找到城里工作的李某，诉说打工的艰难，一再说住店住不起，租房又没有合适的，言外之意是想借宿。李某听后马上暗示说："是啊，城里比不了咱们乡下，住房可紧了，就拿我来说吧，这么两间耳朵大的房子，住着三代人，我那上高中的儿子，晚上只得睡沙发。你们大老远地来看我，难道不该留你们在我家好好地住上几天吗？可是做不到啊！"两位老乡听后，非常知趣地走开了。

任何人都不愿被拒绝，因为拒绝别人，会使他人感到失望和痛苦。在拒绝对方时，更要表现出你的歉意，多给对方以安慰，多说几个"对不起""请原谅""不好意思""您别生气"之类的话。

拒绝别人是一件很难的事，如果处理得不好，很容易影响彼此的关系。所以，在拒绝别人的时候一定要绕个圈子说出你的"不"。喜剧大师卓别林就曾说过一句话："学会说'不'吧！"学会有艺术地说"不"，才是真正掌握了说话的艺术。

拒绝是一门学问，是一项应变的艺术。要想在拒绝时既消除了自己的尴尬，又不让对方无台阶可下，这就需要掌握巧妙的拒绝方法。

贬低自己，降低对方期望值

用自我贬低的方法或者在玩笑的氛围中拒绝他人，不仅维护了别人的面子，也使自己全身而退。

比如朋友想邀你一起去玩电游，你可以推辞说："我们都是好朋友了，说出来不怕你们笑话，我学了几年一直玩得不像样，你们看了都会觉得扫兴，为了不影响你们的兴致，我还是不去为好。"又比如说，在同学聚会的时候，你确实不会喝酒，你可以说："我是爸妈的乖儿子，在家里面又没有什么地位，要是喝了酒，回去后肯定会被我爸揍死的，甚至还会被我妈骂死，你们就饶了我吧。"同时，你还可以说一些其他的事例进行说明，或者找一些比较好的借口来增强这种自我贬低的效果。

在贬低自己的策略中，"装疯卖傻法"是一种特殊形式，即"表示自己无能为力，不愿做不想做的事"。也就是说："我办不到！所以不想做！"

1. 表明自己无能为力

这招便是表明"我没有能力做那件事，因此我不愿意做"的一种方法。根据工作的内容，"无能"的内容也有所不同。例如：

（别人要求你处理电脑文书资料时）

"电脑我用不好，光一页我就要打一个小时，而且说不定还会把重要的资料弄不见！"

（别人要求你做账簿时）

"我最怕计算了，看到数字我就头痛！"用于与自己平日业务无关的业务上。

不过，所表明的"无能"的理由不具真实性，那可就行不通。例如刚才电脑处理的例子，如果是在电脑公司，说这种话谁信？后面那个例子，如果发生在银行，也绝对会显得很突兀。平常愈少接触到的工作，说这种话时，所获得的可信度也就愈大。所以要说"我没做过""我做得不好"这些话的时候，这些话一定要具有可信度才行。

根据心理学家的调查发现，人们的确有在日常生活中故意装傻的现象。例如在上班族中，有20%的人曾对上司装过傻，而14%的人对同事装过傻。虽然它跟"楚楚可怜法"一样，会导致评价降低，但令人惊讶的是，仍有一成以上的人是在自己有意识的情况下用了这个办法。

一般情况下"装疯卖傻法"的场合有以下三种：

第一，不愿做不想做的事。例如像是打杂的工作、很花时间的工作，或单调的工作等，还有像公司运动会之类的公司内部活动的筹办工作也是其中之一。像这种情形便有不少人会用"我不会呀"或"我对这方面不擅长"等理由，来把不想做的事巧妙地推掉。

第二，拒绝他人的请求。当别人找上你，希望你能帮他的忙时，你很难直接说"不"吧！因此便以"我很想帮你，可是我自己也没有那个能力"的态度来婉转拒绝。拒绝别人这种事，很难直接以"我不愿意"这种态度来拒绝，而且还可能会让对方怀恨在心。因此，若是用能力，也就是自己无法控制的原因来拒绝（想帮你，可是帮不了）的话，拒绝起来便容易多了。

第三，想降低自己的期望值。一个人若能得到他人的高度期待，固然值得高兴，但压力也会随之而来。因为万一失败，受到高度期待的人，所带给其他人的冲击性会更大。

因此，借由表现出自己的无能来降低期望值，万一将来失败，自己的评价也不会下降得太多；相反，如果成功，反而会得到预期之外的肯定。

2.将矛头指向他人

这招是接着"表示无能"的用法之后，以"我办不到，你去拜托某某比较好"等说法，来将矛头指向他人的做法。

"我对电脑不懂，不过小王对电脑很熟，你去拜托他看看怎么样？"

"我对计算工作最头大了，小芸好像是簿记二级的，她应该做得来！"

像这样搬出一位在这方面能力比自己强的人，然后要对方去拜托他就行了。

不只能力的问题，像下面这个例子中的场合也能适用。

"我如果要做这件事，恐怕要花掉不少时间。小范好像说他今天工作量不怎么多！"

只有在大家都知道那个人的确比较胜任时才能用这招。

这个办法有一个问题就是，可能会招致那个被你"转嫁"的人的怨恨。想拜托的人一定会说："是某某说请你帮忙比较好！"对方也就会知道是你干的好事。这么一来，那个人心里一定会想："可恶的家伙，竟然把讨厌的事推给我！"

尤其当需要帮忙的工作内容，是人人都不想做的事情的时候，这种惹来怨恨的可能性就愈高。所以，最好在多数人都知道"某某事情是某某最擅长的"这样的场合才用此招。

利用幽默拒绝，让对方愉快接受

化解拒绝时的尴尬，最好的方式莫过于轻松的幽默。通过幽默的方式，让对方清楚地感受到你的拒绝，又不会显得太激烈。对方可能在哈哈一笑中，让尴尬抛向九霄云外了。

有一位"妻管严"，被老婆命令周末大扫除。正好几个同事约他去钓鱼，他只好回答："其实我是个钓鱼迷，很想去的。可成家以后，周末就经常被没收了！"同事们哈哈大笑，也就不再勉强他了。

用幽默的方式拒绝别人，有时可以故作神秘、深沉，然后突然点破，让对方在毫无准备的大笑中接受这个结果。

有时候拒绝的话因为用幽默的方式表达出来，能在起到拒绝目的的同时，让别人很愉快地接受。

1.明确拒绝的目的

意大利音乐家罗西尼生于 1792 年 2 月 29 日，因为每 4 年才有一个闰年，所以等他过第 18 个生日时，他已 72 岁。他说这样可以省去许多麻烦。在过生日的前一天，一些朋友来告诉他，他们集了两万法郎，要为他立一座纪念碑。他听了以后说："浪费钱财！给我这笔钱，我自己站在那里好了！"

罗西尼本不同意朋友们的做法，但他没有正面回绝，而是提出一个不切实际的想法："给我这笔钱，我自己站在那里好了！"含蓄地指出朋友的做法太奢侈，点明其不合理性。

在谈笑之间对人说不，不仅气氛轻松，也能顺利达到拒绝的目的。我们要知道，拒绝时运用幽默，不仅是为了拒绝，还有营造活跃气氛的目的。

如果你想拒绝，可以融入幽默，既避免了对方的难堪，又转移了对方被拒绝的不快。比如在谈判过程中说："如果贵方坚持这个进价，那你们能为我们准备过冬的衣服和食物吗？总不忍心让员工饿着肚子为你们干活吧。"这种话语就比较有意思，实际上已经否定了对方的谈判价格，还能有效缓和气氛。

2.不能让对方难堪

雨果成名后,一张张请帖雪片似的飞来,怎么办? 直接拒绝显得没有礼貌,于是他想出了个好办法:拿起剪刀,咔嚓咔嚓,把自己的半边头发和胡子剪掉。当有人敲门进来说"请您参加……"时,雨果笑嘻嘻地指着自己的头发和胡子说:"哟,我的头发很不雅观,真遗憾!"邀请者见状,哭笑不得,只好悻悻而走,却又因此情此境而大大消除了被谢绝引起的不悦。当雨果的头发长齐后,又一部巨著问世了。

即使是同样性质的谢绝,我们也无须要大家东施效颦地去学雨果剃"阴阳头"的做法。故事给我们的启迪在于:任何拒绝,一般都不会令人愉快,为此,我们就要想方设法使用幽默诙谐的手法,将对方这种不悦心情减少到最低限度。

拒绝并不一定是一件严肃的事,适当地在拒绝别人的时候加入一些调笑剂,不仅不让对方难堪,而且你自己心里也不会有太多的压力和内疚。事实上,拒绝可以是一件轻松的事情。

3.让对方愉快地接受

有一次,林肯受邀在某个报纸编辑大会上发言,林肯觉得自己不是编辑,却出席这种会议,很不相称。所以,想拒绝出席这次会议。他是怎样做的呢?

他给大家讲了一个小故事:"有一次,我在森林中遇到了一个骑马的妇女,我停下来让路,可是她也停了下来,目不转睛地盯着我的脸看了很长时间。她说:'我现在才相信你是我见到过的最丑的人。'我说：'你大概讲对了，但是我又有什么办法呢？'她说：'当然，你生就这副丑相是没有办法改变的，但你可以待在家里不要出来嘛！'"大家为林肯的幽默哑然失笑了。

林肯借妇女的口对自己的相貌嘲笑了一番，主旨在于暗示他并不愿出席这个编辑大会，让人在笑声中淡忘了被拒绝的尴尬，将遗憾缩到了最低限度，并且林肯也取得了对方的支持与谅解。

运用诙谐的手段让彼此开怀，让别人愉快地接受拒绝，不失为处世良方。

4.结合实际的幽默拒绝

对任何人来说，拒绝别人的话总是不好出口的，但拒绝的话又经常不得不说出口。这时不妨用幽默方式说出拒绝的话，把对方遭到拒绝时的不愉快擦掉。

小王毕业后分配到一个小地方做一些打杂的工作，开始很失意，成天和一帮哥们儿喝酒、打牌。后来逐渐醒悟过来，开始报名参加等级考试。

有一天晚上，他正在埋头苦读，突然一个电话打过来叫他去某哥们儿家集合，一问才知道他们"三缺一"。小王不好意思讲大道理来拒绝他们的要求，也不想再像以前那样没日没夜地玩，便回答说："哎呀，哥们儿，我的酸手艺你们还不清楚啊，你们诚心让我进贡啊，我这个月都要弹尽粮绝了，这样吧，就打一个小时，你们答应我就去，不答应就算了。"一阵哄笑过后，对方也不好食言。

无论一个人的职业是什么，适当的幽默必能帮助他应付世人。幽默的性格易于传染，快活有趣的人不必开玩笑也能提高大家的情绪。幽默使人发笑，博得他人的好感，缓和紧张的局面，用幽默的话来拒绝别人，别人也会平和地接受你。

5. 有些幽默需要慎用

一位演技很好、姿色出众但学历不高的女演员，对萧伯纳的才华早就敬而仰之。她平时生活在众星拱月的环境中，多少有一些高傲神气，总以为自己应该嫁给天下最优秀的男人。某次宴会中，她和萧伯纳相遇了，她自信十足，以最迷人的音调向萧翁说："如果以我的美貌，加上你的智慧，生下一个孩子，一定是人类最最优秀的了！"

萧伯纳立刻微微一笑，不疾不徐地回答："对极了。如果这孩子长成了我的貌和你的智慧，那将是怎样呢？"这位美女演员愣了一下子，终于明白了萧伯纳的拒绝之意。她失望地离开了。

用假设的方法，虚拟出一个可能的结果，从而产生一个幽默的后果，而这个后果正好是你拒绝的理由。这样，不仅不至于引起不快，还可能给对方一定的启发。

值得注意的是，萧伯纳的这种场合的幽默并不能随便用，如果运用得不好，不仅不能消除尴尬，还可能会制造尴尬。

迂回拒绝，让对方理解并接受

面对别人的要求你不好正面拒绝时，可以采取迂回的战术，转移话题也好，另有理由也好，主要是善于利用语气的转折——绝不会答应，但也不致撕破脸。比如，先向对方表示同情，或给予赞美，然后再提出理由，加以拒绝。由于先前对方在心理上已因为你的同情而对你产生好感，所以对于你的拒绝也能以"可以谅解"的态度接受。

面对亲密之人提出的不当要求时，切忌直接拒绝。尽量使用间接拒绝的方法。从对方的立场出发，阐明自己的观点，就会使对方自然而然地接受了。

拒绝是一种常见的现象，但怎样拒绝而不使人难堪，让人有台阶可下，则有一定技巧。这里列举几种恰到好处又不失礼节的拒绝方式。

1. 体现友好和热情

一位青年作家想同某大学的一位教授交朋友，以期今后在文学艺术创作和理论研究方面携手共进。作家热情地说："今晚6点，我想请你在海天餐厅共进晚餐，我们好好聚一聚，你愿意吗？"事情真凑巧，这位教授正在忙于准备下星期学术报告会的讲稿，实在抽不出时间。于是，他微微地笑了笑，又带着歉意说："对你的邀请，我感到非常荣幸，可是我正忙于准备讲稿，实在无法脱身，十分抱歉！"他的拒绝是有礼貌而且愉快的，但又是那样干脆。

这位教授虽然拒绝了青年作家，但态度热情诚恳，因此，并没有让青年作家产生不快，而是愉快地接受了对方的理由。

要耐心倾听别人的要求。即使他说了一半你就明白此事非拒绝不可，为了确切了解他的用意以及对对方表示尊重，也要听完他的话。拒绝别人时，表情应和颜悦色，最好能多谢对方想到你，并略表歉意，同时说出拒绝的理由。一旦说出理由，则只需重复拒绝，而不应与之争辩。拒绝之后，若有可能和必要，可为他提供其他途径的帮助。

2. 言辞要尽量委婉

东汉光武帝刘秀的姐姐湖阳公主的丈夫死后，她看中了朝中品学兼优的宋弘，就请刘秀撮合其事。一次，刘秀把宋弘叫来，以言相探道：

"俗话说，'位高换友，富贵换妻'，是人之常情吧？"

刘秀运用俗语来试探宋弘，以期得到宋弘的共鸣，让他来娶湖阳公主。而宋弘是个品德高尚的人，不为所动。但在这种情况下，既不能含糊其辞，留下后患，又不能直来直去，冒犯皇上。于是宋弘机敏地回答道："我听说，'贫困之交不能忘，糟糠之妻不下堂'，这样才是好的品行，也是皇上所推行的美德吧！"

一句话说得皇上连连称赞宋弘的美德。后来，宋弘不仅委婉拒绝了湖阳公主，而且还受到了皇上的重用。

宋弘巧妙地运用引证术，言辞委婉而又毫不闪避地表示了自己的回绝态度，这样不仅没有冒犯皇上，而且还达到了拒绝的目的。

有的人担心拒绝可能引起对方的不愉快，或触怒对方，其实讲究一下拒绝的技巧，采用委婉拒绝，会很大程度上避免和消除以上的疑虑。

3. 拒绝不要太生硬

有些时候别人委托你办的事，但自觉实在是做不到，你就应该很明确地表明态度，说："对不起！我不能接受。"这才是真正有勇气的人。当然，拒绝需要有一定的策略。

甘罗的爷爷是秦国的宰相。有一天，甘罗见爷爷在花园走来走去，不停地唉声叹气。

"爷爷，您碰到什么难事了？"甘罗问。

"唉，孩子呀，大王不知听了谁的教唆，硬要吃公鸡下的蛋，命令满朝文武想办法去找，要是三天内找不到，大家都得受罚。"

"秦王太不讲理了。"甘罗气呼呼地说。他眼睛一眨，想了个主意，说："不过，爷爷您别急，我有办法，明天我替你上朝好了。"

第二天早上，甘罗真的替爷爷上朝了。他不慌不忙地走进宫殿，向秦王施礼。

秦王很不高兴，说："小娃娃到这里捣什么乱！你爷爷呢？"

甘罗说："大王，我爷爷今天来不了啦。他正在家生孩子呢，托我替他上朝来了。"

秦王听了哈哈大笑："你这孩子，怎么胡言乱语！男人家哪能生孩子？"

甘罗说："既然大王知道男人不能生孩子，那公鸡怎么能下蛋呢？"

甘罗的爷爷作为秦国的宰相，面对秦王的无理请求，却又找不到合适的办法拒绝。甘罗作为一个孩童，能如此得体地拒绝秦王，并让秦王不得不放弃自己的无理请求，实在是大出人们的意料。也正因为如此，秦王才有"孺子之智，大于其身"的叹服。以后，秦王又封甘罗为上卿。

当领导提出某种要求而下属又无法满足时，设法造成下属已尽全力的错觉，让领导自动放弃其要求，这也是一种好方法。

比如，当领导提出不能满足的要求后，可采取下列步骤先答复："您的意见我懂了，请放心，我保证全力以赴去做。"过几天，再汇报："这几天×××因急事出差，等下星期回来，我再立即报告他。"又过几天，再告诉领导："您的要求我已转告×××了，他答应在公司会议上认真地讨论。"尽管事情最后不了了之，但你也会给领导留下好印象，因为你已造成"尽力而做"的假象，领导也就不会再怪罪你了。

通常情况下，人们对自己提出的要求总是念念不忘。但如果长时间得不到回音，就会认为对方不重视自己的问题，反感、不满由此而生。相反，即使不能满足领导的要求，只要能做出样子，对方就不会抱怨，甚至会对你心存感激，主动撤回让你为难的要求。

拒绝的方法有许多，一定要看好时机，用最自然的形式将你的本意暗示出来。

第五章

妙语生财：在商务社交中的交谈技巧

抓住客户的下意识，引导客户的思维

相信你一定有过这样的经历，你的客户总是对你所说的每件事都要进行澄清或反驳。你提出一个观点，他立刻提出一个相反的观点；你插入一段评论，他马上觉得有必要提出更好或者更令人印象深刻的评价。不用说，遇到这种情形总是令人沮丧，而交流也因此难以深入。

在日常会谈中，这种情形发生的频率其实比你想象的要频繁得多。哪怕对于一个不大有感情色彩的评价，人们也常常会持反对态度。例如，当你说"听说周末天气不错"时，对方立刻会反问道，"真的吗？我觉得好像会下雨"，或者说，"太热""太冷""太潮湿了"，还有的人认为现在说这个周末天气怎么样有点儿"太早了"或"太迟了"。

在与客户的沟通过程中，当客户发生习惯性的逆反行为时，你不能直接跟客户说："别这么做！"而应当认识到，客户不自觉的逆反心理实际上是源于人们天生对"掏自己口袋"的人抱有谨慎且怀疑的态度。这种谨慎孕育着抵制情绪，越是谨慎的客户，就越容易产生逆反行为。你必须尊重客户的逆反心理，还应懂得在销售中充分利用消费者的逆反本能，达到促进销售的目的。

1. 理解客户的逆反心理

逆反是出于人的本能，带有感情色彩，通常使人以相反的态度做出反应，常见的方式是表达相反的观点。

美国商人艾弗森专门经营卷烟。但这位商人运气不好，几年来商品一直乏人问津，很快濒临破产。万般无奈之下，艾弗森最后决定改变经营方法。

艾弗森在商店门口画了一幅大广告："请不要购买本店生产的卷烟，据估计，这种香烟的尼古丁、焦油含量比其他店的产品高1%。"另用红色大字标明："有人曾因吸了此烟而死亡。"这一别具一格的广告立即引起了当地电视台的注意，通过新闻节目的宣传，这家商店立即声名鹊起、远近驰名。一些消费者特地从外地来此买这种卷烟，称"买包试试，看死不死人！"还有些人认为，抽这种烟能显示自己的男子汉气概。

艾弗森的卷烟店因此生意日渐兴隆，最终成为拥有5个分厂、14个分店的连锁商店。

艾弗森正是巧妙地利用了消费者的逆反心理，表面上是自揭家丑，故意道出商品的问题，实际上是通过激发客户的好奇心，利用客户的逆反心理，顺利销售产品。

在销售中，我们也常常一开口就遭到反诘。你可以用一个简单的实验来检测一下顾客的逆反心理。当你走进客户的办公室微笑着询问："我选了一个好时间，对吗？"那么，他们的回答通常并不愉快，往往会说："我现在正在忙。"下一次，你试着问一个相反的问题："我来得不是时候吧？"大多数人会立刻邀请你进去，同时说："不，正好我手上的事情忙得差不多了。"

逆反行为看起来像是一种恶意的抵触，但从心理学角度来说，逆反行为并不是有意识的反应，大多数情况下都是客户下意识的自我防卫。逆反行为很少因为某人有意反对而发生，它的产生机制是人们需要感受到自我价值的存在。大多数的人通过对他人的反对来显得自己很聪明，希望因此受到尊敬。

2. 诱导对方暴露真心

有的客户在要求对微妙的问题发表意见的时候，虽然会说出一个结论，最后，总是再加一句："但是，也可能……"

交谈之中，如果所说的内容有浓厚的"两面性"，那就表示对方为下决定犹豫不已，有意避免造成统一性的印象。乍听之下，好像意志已定，实则不然。若想揭穿他的真心，这种"两面性"的理论，也可以成为有效的利器。也就是说，当对方只强调事情的一面来下结论，你就要发出强调另一面的质词，借此套出他的真意。

在商务交谈的过程中，并不是每次都能获得对方表达单一、肯定意思的言谈，反而往往听到的都是其模棱两可的话语。从心理学角度，人们说话模棱两可的原因，大概不外乎下面三种：

第一种：有意掩饰自己的真心。

第二种：还没有确定的意见。

第三种：故意不表明自己的立场，以便不卷入某种是非。

要诱导客户说出他的本意，在交谈中不妨故意拂逆对方的意见，处处给予反驳。接连数次向对方表示"不"，对方的态度必会急速地转变。尤其是对方想要传达自己的心意时，故意打断而大声地抢话说，在这个关头对方会露出真心。如果对你不表示好感，会抗议道："喂，你！先听我说完吧！""和你这种人谈话真讨厌！"如果是平常对你抱有好感、赏识你的人品的人，稍微让他感到焦躁并不碍事。不过，如果对方当时心情不佳，或发生不如意的事，就另当别论了。

当听到对方不急不缓地说："我们慢慢谈吧！"而真放慢步调打算从长计议时，对方却突然显得坐立不安。该如何判断对方是否有急事呢？对方的心理该如何掌握才合适？

技巧是试着改变说话的速度。譬如："我啊……其实……今天……"故意把话拉长地说，有急事者必会不耐烦地问："你到底有什么事？"如果坐在椅子上则尽量舒坦地深坐。当对方有急事时会立即表态说："其实我今天有急事。"或急忙地想站起身来。

所以，若要确定顾客是否有急事可以故意慢条斯理地动作。譬如，拿起对方端出的茶慢慢品尝，或把茶杯拿在手上优哉游哉地谈话。有急事者看见这些动作，会更为焦急而立即暴露真心。

要从语言的密码中破译对方的心态，闲谈是了解对方的一种最好方式，整个氛围显得轻松愉快，又让对方心理上没有防线。

3.让客户自己说服自己

销售员："您好，我是××电器公司业务员杨威，我打电话给您，是觉得您会对我公司最新推出的LED电视机感兴趣，它是今年最新的款式，全新配备了200Hz智能动感技术，色彩更艳丽，清晰度更高，而且是超薄的，还节能省电……"

客户："哦，我们的电视机凑合着还能用，LED电视目前还不需要。"

销售员："哦，是这样，请问您喜欢看体育比赛吗，比如说F1赛车？"

客户："是啊，F1是我最喜欢的体育赛事了。"

销售员："不知道您有没有注意过，看比赛的时候，画面会有抖动和闪烁的现象，看着非常不清晰。有时候，还有拖尾现象。"

客户："是啊，是啊。每次都让我非常郁闷，但我一直认为电视机都是这样的。"

销售员："不是的。其实采用一些智能技术之后，就可以消除这些令您不爽的现象。比如说我们的这款电视，就可以通过自动分析相邻两帧的运动趋势并生成新帧，彻底消除画面的抖动和闪烁现象，画面就像丝绸一样平滑顺畅。要不您改天来亲身感受一下？"

客户："听起来不错，那我改天去看一下吧。你们最近的地址在哪儿？"

对于新客户而言，你还不足以让他产生对你的信任。这个时候你最好别把自己的意见强加给客户。人们讨厌被推销员说服，但是喜欢主动作出购买决定。推销员的目标就是：帮助人们对他们购买的产品感到满意，从而自己说服自己。也就是让客户认识到自己的需求。

案例中的销售员就很善于引导顾客发现自己的需求。

首先，肯定客户的说法。销售员向顾客介绍 LED 电视机，而顾客表示暂时不需要。这时候，如果继续向顾客介绍产品，得到的回答必然是拒绝。销售员很聪明地及时打住了。

然后，话锋一转，问顾客是否喜欢看体育比赛。这是很家常的提问，顾客不会有防范意识。接下来就自然地提到电视机技术，从而激发顾客对 LED 电视机的兴趣。之后的产品介绍就水到渠成了。这个过程是销售员为客户创造需求的过程。最终以销售员的胜利而结束。

打消客户的疑虑，恢复客户的购买信心

在销售过程中，客户心存顾虑是一个共性问题，如若不能正确解决，将会给销售带来很大的阻碍。要打破这种被动的局面，就应该巧妙地化解客户的顾虑，使客户放心地买到自己想要的商品。只要能把握脉络，层层递进，把理说透，就能够消除客户的

顾虑，使销售成功进行。

打消客户疑虑的重要武器便是言辞。比如有一位顾客原本想采购一种电子用品，但是他没有用过，不确定这个决定对不对。聪明的销售员会马上说："我了解你的想法，您不确定这种电子产品的功能，怀疑是不是像产品说明书所说的，对不对？您看这样好不好，您先试用……"在关键时刻，恰当的口才技巧会让顾客疑虑全消。

从某种意义上来说，消除疑虑正是帮助客户恢复购买信心的过程。因为在决定是否购买的一刻，买方信心动摇、开始后悔是常见的现象。这时候顾客对自己的看法及判断失去信心，销售员必须及时以行动、态度和语言帮助顾客消除疑虑，加强顾客的信心。

1. 给客户安全感

消除客户的顾虑心理，首先要做的就是向他们保证，他们决定购买是非常明智的，而且购买的产品是他们在价值、利益等方面做出的最好选择。

一位客户想买一辆汽车，看过产品之后，对车的性能很满意，现在所担心的就是售后服务了，于是，他再次来到车行，向推销员咨询。

准客户："你们的售后服务怎么样？"

销售员："先生，我很理解您对售后服务的关心，毕竟这可不是一个小的决策，那么，您所指的售后服务是哪些方面呢？"

准客户："是这样，我以前买过类似的产品，但用了一段时间后就开始漏油，后来送到厂家去修，修好后过了一个月又漏油。

再去修了以后，对方说要收 5000 元修理费，我跟他们理论，他们还是不愿意承担这部分费用，没办法，我只好自认倒霉。不知道你们在这方面怎么做的？"

销售员："先生，您真的很坦诚，除了关心这些还有其他方面吗？"

准客户："没有了，主要就是这个。"

销售员："那好，先生，我很理解您对这方面的关心，确实也有客户关心过同样的问题。我们公司的产品采用的是欧洲最新 AAA 级标准的加强型油路设计，这种设计具有很好的密封性，即使在正负温差 50 度，或者润滑系统失灵 20 小时的情况下也不会出现油路损坏的情况，所以漏油的概率很低。当然，任何事情都有万一，如果真的出现了漏油的情况，您也不用担心。我们的售后服务承诺：从您购买之日起 1 年之内免费保修，同时提供 24 小时之内的主动上门服务。您觉得怎么样？"

准客户："那好，我放心了。"

最后，客户买了中意的汽车。

当你购买某一产品的时候，你最怕什么？质量不好？不安全？不适合自己？花冤枉钱？是啊，几乎所有的消费者在面对不熟悉的产品时，都会有这些担心和害怕，怎么做才能让他们安心购买？

心理学研究发现，人们总是对未知的人、事、物产生自然的疑虑和不安，因为缺乏安全感。在销售的过程中这个问题尤为明显。一般情况下，客户对销售员大多存有一种不信任的心理，他们认定销售员所提供的各类商品信息，都或多或少包含一些虚假的成分，甚至会存在欺诈的行为。所以，在与销售员交谈的过程中，很多客户认为他们的话可听可不听，往往不太在意，甚至是抱着逆反的心理与销售员进行争辩。

因此，在销售过程中，如何迅速有效地消除顾客的顾虑心理，就成为销售员最重要的能力之一。因为聪明的销售员都知道，如果不能从根本上消除客户的顾虑心理，交易就很难成功。

种种顾虑使得客户自觉不自觉地绷紧了心中的那根弦儿，所以说，在面对客户时，销售员要尽自己最大努力来消除客户的顾虑心理，用心向他们传递产品的价值，使他们打消顾虑。

2.抓住客户心动的卖点

发现客户对某一个独特的卖点感兴趣时，就要及时强调产品的独特卖点，把客户的思维始终控制在独特的卖点上，促使其最后作出购买的决策。

销售员："乔治太太，昨天看的那幢老房子，您决定购买了吗？"

乔治太太："哦，我们还没做最后的决定。"

销售员："你不是特别喜欢院子里的那棵樱桃树吗？"

客户："是的，我挺喜欢那棵樱桃树，一进院我就喜欢上了它，但是客厅的地板已经非常陈旧了。"

销售员："客厅的地板是有些陈旧，不过，您没有发现吗？这幢房子的最大优点就是当您和您的先生站在窗边，透过窗户向外望去，就可以看到院子里的那棵樱桃树。"

客户："厨房里的设备也很陈旧。"

销售员："厨房的设备的确有点儿陈旧，但是，你们每次在厨房做菜时，向窗外望去，都可以看到那棵美丽的樱桃树。"

客户："房子的管道以及天花板都得重新装修。还有……"

销售员："没错，这幢房子是有不少缺点，但这幢房子有一个特点是其他所有房子都没有的，就是你们从任何一个房间的窗户向外看，都可以看到院子里那棵美丽的樱桃树。"

最后，客户还是花 80 万元买了那棵"樱桃树"。

推销员带领一对夫妇看一幢老房子，当客户看到院子中的樱桃树时显得很高兴，推销员及时捕捉到了这个信息，并作出判断：客户喜欢这棵樱桃树。这是推销员优秀的思考习惯的反应。

发现这一点后，当客户对客厅陈旧的地板、厨房简陋的设备等缺点表现不满意时，推销员及时说道："你们从任何一个房间的窗户向外看，都可以看到院子里的樱桃树。"最后，客户买下了这幢并不满意的房子，只是因为喜欢那棵樱桃树。这个过程是推销员卓越的推销能力的体现，她可以根据客户的反应及时强调房子的独特卖点，把客户思维控制在独特的卖点上，最后作出购买的决策。

从销售的角度来说，没有卖不出去的产品，只有卖不出去产品的人。因为聪明的推销员总可以找到一个与众不同的卖点将产品卖出去。独特卖点可以与产品本身有关，有时候，也可以与产品无关。独特卖点与产品有关时，可以是产品的独特功效、质量、服务、价格、包装等；当与产品无关时，这时销售的就是一种感觉、一种信任。

3. 多用精确的数字

有时候，销售员对客户说了一大堆产品的好处，但客户还是无动于衷。这种时候，很可能是客户对你的介绍有所怀疑。最好的办法就是拿出一些精确的数据来说服对方。

有两位销售员都给王先生介绍同一种产品——热水器。一天上午，小李花费了半个多小时的时间给王先生介绍自家产品是如何的好，结果王先生最后也没给他答复。同样的，几天后，另一名推销人员小刘在例行的一些问候过后，就告诉王先生自己家的热水器一小时可以省 0.5 度电，而且热能利用率比同类产品高出20%，价格上也便宜了 95 元钱。结果是，几天后小刘得到了王先生的订单。

在销售过程当中应用"数字化"的技巧，是非常重要的一个方法，因为你将产品利益数字化，或是特别强调数字（利益），将会使你对产品的说明更清楚、明确且更具吸引力。

你可以这样说："……陈先生，您算一算，我们第一、二年的贷款利率足足低了 3% 和 2.15%，以您现在还有 320 万的余额计算，第一年就可以帮您省下 96000 元，第二年又省了 68800 元；两年就已经帮您省了 164800 元……"

"……我很骄傲地要跟陈先生分享一个事实，我们净水机的价格是很经济合理的，您试算一下，一般的品牌每半年就要换两支滤芯，每次收费 3000 元，五年就要 30000 元；我们五年才需要 12500 元。所以，我们机器的价格虽然贵了 6000 元，但是，这样算一算，您还是省了 11500 元，不是吗？"

数字化介绍你的产品，会给客户一种更加直观的利益感，这比泛泛地强调产品的好处要更生动、更形象。这种方法尤其适用于保险行业的电话行销，告诉客户一组组的数字，让他们自己比较，远比你口若悬河地说道强。

试比较下面的两种说法：

不应用"数字化技巧"："……满期的时候，您可以领回一笔可观的满期金。"

应用"数字化技巧"："……满期的时候，您可以领回一笔300 万元的满期金。"

如果一位做保险的销售员，在应用"数字化技巧"时，说出一组数据，再加上必要的电话行销技巧，是不是会比第一种不应用"数字化技巧"的说法，效果要好很多呢？

再漂亮的语言也比不上精确的数字生动，它更能打动客户的心。数字，尤其是精确的数字用来说服客户往往会收到惊人的效果，它可以说是最有效的武器。如果我们能牢牢地记住那些平常记不住的详细数字和长长的专用名称，做到脱口而出，从而能够给对方留下做过详细调查和有备而来的印象，令对方感到你是内行后再说服对方就容易得多了。

制造悬念，唤起顾客的好奇心

从心理学上来说，好奇心的产生是因为外界的现象对大脑产生了一种刺激，使大脑的某些区域处于一种亢奋的状态中，进而引起人对外界事物产生了关注的心态。在现代营销学中，一些营销专家通常会把这种心理运用到营销策略中去，并明确地指出了能够引起客户好奇心的重要性，即谁能够引起客户的好奇心，谁就有了成功推销的基础。

每个人都有好奇的天性，一旦有了某个疑问，就必须得探明究竟不可。为了激发客户的强烈兴趣，销售员可以使用制造悬念的方法。你可以制造某种悬念，以激起客户的一些好奇心，从而促使其尽快地进入自己的话题中去。

1. 设法激发客户的好奇心

引起客户好奇心的一个重要方式就是显露产品价值的冰山一角。例如：

推销员："喂，您好，请问李总在吗？"

客户："我就是。"

推销员："李总，我是致远公司的小刘，您最近来信询问 AH 型产品，我很高兴能为您介绍我们的产品，以及对您的公司将有何帮助。请问您现在方便谈话吗？"

客户："可以，你说吧。"

推销员："李总，能否先请您告诉我，现在贵公司 AD 型产品情形如何，还有您为什么想要了解我们的产品？"

客户："我们让员工自己操作 AD 型机器，老是搞得一团糟，许多机器都损坏了。所以我想了解一下 AH 型产品的厂商……"

推销员："李总，我们绝对可以让贵公司所有员工都感到满意，而且提供安装维修服务。不过，我可不可以提个建议？"

客户："当然。"

推销员："如果您方便的话，我亲自去拜访，跟您详细解说。您可以对我们公司和我们的产品有更清楚的了解，在电话里不容易说清楚。您觉得这样如何？如果可以的话，我等一下就过去拜访，或是明天，看您什么时候方便呢？"

客户："我看明天下午 3 点好了。"

推销员以提出建议的方式透露出产品价值的冰山一角，并以此激发客户的好奇心，吸引客户的注意力，让客户感到这一建议有助于改变现在的糟糕状态。说到这些，推销员也因此获得了进一步与客户沟通了解的机会。

因为在客户面前晃来晃去的价值就像诱饵一样，他们很想获得更多信息。如果客户开口询问，你就达到了主要目的：成功引起客户好奇，使客户主动邀请你进一步讨论他们的需求和你所能提供的解决方案。这种技术实际上就是利用刺激性的问题提供部分信息让客户看到产品价值的冰山一角。

不少销售人员花费大量的时间来满足客户的好奇心，却很少想过要努力激起客户的好奇心。他们的看法是自己的价值存在于自己为客户所提供的信息，所以就四处拜访，不厌其烦地向客户反复陈述自己的公司和产品的特征以及能给客户带来的利益。

2. 吊一吊买家的胃口

被称为日本"推销之神"的原一平大家都不陌生。他的成功经历数不胜数，我们来看他是如何"成功地激起客户的好奇心"而达成一笔保险的。

有一次，原一平拜访了一位完全有能力投保的客户，那位客户虽然表明自己很关心家人的幸福，但当原一平劝说他投保时，他却提出不少异议，并进行了一些琐碎且毫无意义的反驳。

原一平凝视着那位客户说："先生，您已经对我说了自己的要求，而且您也有足够的能力支付有关的保险费，您也爱您的家人。不过，我好像对您提出了一个不合适的保险方式。也许'29天保险合同'更适合您。"

原一平稍作停顿，又说道："关于'29天保险合同'问题，有几点需要说明一下。第一，这个合同的金额和您所提出的金额是相同的；第二，满期返还金也是完全同额的；第三，'29天保险'兼备两个特约条件，那就是设想您万一失去支付能力而无力交纳保险费，或者因为事故而造成死亡时，则约定'免交保险费'和'发生灾害时增额保障'的条件。这种'29天保险'

的保险费，只不过是正常规模保险合同保险费的 50%。单从这方面来说，它似乎更符合您的要求。"

那位客户吃惊地瞪大了眼睛，脸上放出异彩："那么，如果根据我的钱包来考虑，这个比之前所说的就更合适了。可是，所谓'29 天保险'到底是什么意思呢？"

"先生，'29 天保险'就是您每月受保险的日子是 29 天。比如这个月是 4 月份，有 30 天，你可以得到 29 天的保险，只有一天除外。这一天可以任由您选择，您大概会选星期六或星期天吧？"

原一平停了片刻，然后再接着往下说："这可不太好，恐怕您这两天要待在家里，按统计来说，家庭这个地方是最容易发生危险的地方。"

原一平看着那位客户，过了一会儿，他又开口了："我在说明这种'29 天保险'时说，您每月有 1 天或 2 天没有保险，我担心您会想：'如果我死去或被人杀害时将会怎么办？'

"先生，请您放心。保险行业虽然有各种各样的保险方式，但目前我们公司并未认可这种'29 天保险'。我只不过冒昧地说说而已。如果是您的话，也一定会想，无论如何也不能让您的家庭处于无依无靠的不安状态。

"我确信，像您这样的人从一开始就知道有一种保险方式，它规定，客户在 1 周 7 天内 1 天不缺，在 1 天 24 小时内 1 小时也不落下，不管在什么地方，也不管您在干什么，都能对您进行保障。您的家人受到这样的保障，难道不正是您所希望的吗？"

这位客户完完全全地被说服了，心服口服地投了费用最高的那种保险。

好奇心是人类一种非常普遍的心理，如果你能够准确地把握并利用这一心理，就能够轻而易举地征服客户并留住客户。魔术表演就是利用人们的好奇心，才会引人入胜、精彩夺目。推销员如果能够巧妙地利用客户的好奇心去推销，将会大大提高推销的成功率。

原一平先是使用开门见山、直奔主题的推销方法，当看到客户不接受时，就以"29天保险合同"这个说法激起客户的好奇心，再根据客户的需求进行分析，让客户认可"29天保险"，随后巧妙地对此进行解释，并把它与自己最初推销的险种作一比较。结果客户权衡利弊得失后，还是选择了最初推销的那种费用最高的险种，顺利拿到客户的订单。出其不意、欲擒故纵也是一种推销方法，往往比开门见山更能促成交易。

当开门见山、直奔主题的方式遇到障碍时，不妨故意卖个关子，留下点儿悬念给客户，从而引发对方的好奇心，以至于最后主动询问，化被动拒绝为主动接受。在揭示悬念的同时，交易也自然会完成。

3. 刺激顾客的好奇心

我们所销售的产品如果能刺激到消费者的"好奇心"，那么，就赢得了销售的第一步。可以通过有意地制造"事件"，从而给原本并不打眼的商品带来"商机"。

很多外国的啤酒商都发现，要想打开比利时首都布鲁塞尔的市场非常难。于是就有人向畅销比利时国内的某名牌酒厂取经。

这家叫"哈罗"的啤酒厂位于布鲁塞尔东郊，无论是厂房建筑还是车间生产设备都没有很特别的地方。但该厂的销售总监林达却是轰动欧洲的销售策划人员，由他策划的啤酒文化节曾经在欧洲多个国家盛行。

林达刚到这个厂时不过是个不满25岁的小伙子，那时的哈罗啤酒厂正一年一年地减产，因为销售不景气而没有钱在电视或者报纸上做广告。做推销员的林达多次建议厂长到电视台做一次演讲或者广告，都被厂长拒绝了。林达决定自己想办法打开销售局面，正当他为怎样去做一个最省钱的广告而发愁时，他来到了布鲁塞尔市中心的于连广场。这天正好是感恩节，虽然已是深夜了，广场上还有很多欢快的人，广场中心撒尿的男孩铜像就是因挽救城市而闻名于世的小英雄于连。当然铜像撒出的"尿"是自来水。广场上一群调皮的孩子用自己喝空的矿泉水瓶子去接铜像里"尿"出的自来水来泼洒对方，他们的调皮启发了林达的灵感。

第二天，路过广场的人们发现于连的尿变成了色泽金黄、泡沫泛起的"哈罗"啤酒。铜像旁边的大广告牌子上写着"哈罗啤酒免费品尝"的字样。一传十，十传百，全市老百姓都从家里拿起自己的瓶子、杯子排成长队去接啤酒喝。电视台、报纸、广播电台也争相报道，"哈罗"啤酒该年度的啤酒销售产量增长到原来的

1.8 倍。林达也成了闻名布鲁塞尔的销售专家。

在这一例子中，销售员林达正是通过巧妙地借助小英雄于连在比利时人心目中的影响力，为哈罗啤酒找到了吸引大众眼球的有利时机，成功打开了销路。

一个好的营销策略产生的效果远远胜过花几百万制作的广告效果。因此，肯动脑筋的销售员都乐此不疲地在销售中营造卖点，吸引顾客的好奇心。

手机卖场中的"摔手机"营销，对消费者声称"该手机质量过硬，摔坏者奖 × × 元"，也是通过制造有卖点的事件，吸引消费者的眼球；还有汽车市场的体验驾车、家电家具卖场中的演示营销，等等，各式各样的新招奇招都可以在销售过程中广泛运用，为增加你的销售量助力。

发出"最后通牒"，逼服对方

心理学家做过这样一个实验：让一个班的小学生阅读一篇课文。实验的第一阶段，没有规定时间，让他们自由阅读，结果全班平均用了 8 分钟才阅读完；第二阶段，规定他们必须在 5 分钟内读完，结果他们用了不到 5 分钟的时间就读完了。

这就是著名的最后通牒效应。所谓"最后通牒"，常常是在谈判双方争执不下、陷入僵持阶段，对方不愿屈服以接受交易条件时所采用的一种策略。实践证明，如果一方根据谈判内容限定了时间，发出了最后通牒，另一方就必须考虑是否准备放弃机会，牺牲前面已投入的巨大谈判成本。

1. 给出一个最后期限

美国汽车大王亚科卡在接管濒临倒闭的克莱斯勒公司后，觉得第一步必须先压低工人工资。他首先降低了高级职员的工资 10%，自己也从年薪 36 万美元减为 10 万美元。随后他对工会领导人讲："17 元一小时的活儿有的是，20 元一小时的活儿一件也没有。"

这种强制威吓且毫无策略的话语当然不会奏效，工会当即拒绝了他的要求。双方僵持了一年，始终没有进展。后来亚科卡心生一计，一日他突然对工会代表们说："你们这种间断性罢工，使公司无法正常运转。我已跟劳工输出中心通过电话，如果明天上午 8 点你们还未开工的话，将会有一批人顶替你们的工作。"

工会谈判代表一下傻眼了，他们本想通过再次谈判，从而在工薪问题上取得新的进展，因此他们也只在这方面做了资料和思想上的准备。没曾料到，亚科卡竟会来这么一招！被解聘，意味着他们将失业，这可不是闹着玩的。工会经过短暂的讨论之后，基本上完全接受了亚科卡的要求。

亚科卡经过一年旷日持久的拖延战都未打赢工会，而出其不意的一招竟然奏效了，而且解决得干净利落。

在谈判中，有些谈判者支出架子准备进行艰难的拉锯战，而且他们也完全抛开了谈判的截止期。此时，你的最佳防守兼进攻策略就是出其不意，发出最后通牒并提出时间限制。这一策略的主要内容是，在谈判桌上给对方一个突然袭击，改变态度，使对手在毫无准备且无法预料的形势下不知所措。对方本来认为时间挺宽裕，但突然听到一个要终止谈判的最后期限，而这个谈判成功与否又与自己关系重大，不可能不感到手足无措。由于他们很可能在资料、条件、精力、思想、时间上都没有充分准备，在经济利益和时间限制的双重驱动下，会不得不屈服，在协议上签字。

2. 在最后期限上动脑筋

最后期限一到，你就必须做出最后的决定。如果你对完成此项工作的日期估计有误，在最后期限之前不能完成交易的话，就要再次与对方谈判，要求放宽期限，如果对方拒绝修改协议的话，你也只好承担责任。

有一家出版公司，在美国好莱坞推出的电影《泰坦尼克号》走红时，准备搞一本电影画册，各地较大的书商听说此信息后纷纷与公司联系，争取取得当地独家发行权。各地承销此画册的书商为避免承担风险，纷纷与公司签约，要求到货的最后期限为20天。

出乎出版公司意料的是，这本画册才印了一部分，机器坏了，待机器修好后，工厂职工连夜加班，最后期限到了，书也印出来了。但是，最后期限不仅仅是将书印出来，而是把货运到承销商手里。各地书商得知此信息后，有的要求减少包销册数、降低折扣，有的干脆宣布此协议已属无效。《泰坦尼克号》毕竟只是一个爱情故事，人们只能为它疯狂一阵子，所以销售时间点非常重要。而当时出版公司没有预测到印刷厂会出现问题，公司与印刷厂只是口头上说几天出成品，并未签约，最后，尽管这家出版公司费了很大劲儿，还是赔了一大笔钱。

就这件事本身而言，该出版公司因最后期限的制约而赔了一笔钱，而各地的承销商的利益却因最后期限的保障作用而未受到影响。

最后期限还有督促的作用。最后期限到了，你不得不做出决定。如果你选择了这个期限，你就要在期限之前完成交易；如果你违约了，后果就由不得你假设了。

当然，就谈判的最后期限而言，它也是可以灵活变动的。有的期限说一是一；有的具有弹性，可以商量。因为，对于不少行业的谈判而言，最后期限只是为了尽可能督促对方，并不是存心惩罚对方。因而，你在协议上签字之前，一定要搞清楚双方所定的最后期限是否还有"活动"空间。不过，事情随时都有可能发生变化，你在签订某一协议时，最好别让最后期限成为自己的枷锁。

3. 慎重采取最后通牒效应

在某些关键时刻，最后通牒法还是大有裨益的。但是，该方法并非屡试不爽，一旦被对方识破机关，最后通牒的威力可能会反作用到自己身上来。这里有一个范例：

美国通用电器公司与工会的谈判中采用"提出时间限制"的谈判术长达 20 年。这家大公司在谈判开始的时候，使用这一方法屡屡奏效。但到 1969 年，电气工人的挫败感终于爆发。他们料到谈判的最后结果肯定又是故伎重演，提出时间限制相要挟，在做了应变准备之后，他们放弃了妥协，促成了一场超越经济利益的罢工。

发"通牒"一定要注意一些语言上的技巧，要把话说到点子上。

（1）出其不意，提出最后期限，要求谈判者必须语气坚定，不容通融。

运用此道，在谈判中首先要语气舒缓，不露声色，在提出最后通牒时要语气坚定，不可使用模棱两可的话语，使对方存有希望，以致不愿签约。因为谈判者一旦对未来存有希望，想象将来可能会给自己带来更大的利益时，就不肯最后签约。故而，坚定有力、不容通融的语气会替他们下定最后的决心。

（2）提出时间限制时，时间一定要明确、具体。

在关键时刻，不可说"明天上午"或"后天下午"之类的话，而应是"明天上午 8 点钟"或"后天晚上 9 点钟"等更具体的时间。这样的话会使对方有一种时间逼近的感觉，使之没有心存侥幸的余地。

（3）发出最后通牒言辞要委婉。

必须尽可能委婉地发出最后通牒。最后通牒本身就具有很强的攻击性，如果谈判者再言辞激烈，极度伤害了对方的感情，对方很可能由于一时冲动铤而走险，一下子退出谈判，这对双方均不利。

饭桌上的应酬话，你会说吗

请客吃饭，好理由"打头阵"

中国人求人办事，一般需要请客吃饭，一顿饭吃下来，才有开口办事的底气。但是，谁都知道，办宴容易请客难。请客吃饭不是一件容易的事，因为请人吃饭常常会遭到拒绝。比如，你想和某人处朋友，就开门见山对他（她）提出邀请，说出自己的目的，人家有可能就不去了。

所以，找到宴请的理由至关重要。首先需要明确饭局的目的，才能在此基础上找个适当的理由。饭局的目的是多种多样的。可以表示欢迎、欢送、答谢，也可以表示庆贺、纪念，还可以是为某一事件、某一个人等。

采取何种方式邀请，要具体问题具体分析，根据办事的性质、对象而定。学者、专家、领导等，大多工作忙、时间紧，对他们最好提前约，以便他们做好时间安排；对某团体的要人，公开邀请，甚至借助传播媒介，就既能体现公正无私、光明磊落，又利于引起关注、促进宣传、扩大影响；而朋友密谈则悄悄地进行更利于避开旁人的视线，保证交往活动的隐蔽性；而比较重要的工作联系、业务关系、公关事务等就必须采用相应的公文格式，如发书信、寄请柬等，或者按照一定的规格派专人传达、亲自登门，以示重视、郑重和尊重。

1. 以诚意邀请

以诚意请人吃饭，开门见山邀请也是一种不错的方法。

住在马里兰州的爱德华·哈里曼，退休之后选择了风景优美的坎伯兰谷居住。哈里曼通过查询得知附近有一位名叫方豪瑟的企业家。这位白手起家的方豪瑟先生颇引起哈里曼的好奇心，他决定邀请这位大企业家一起吃饭。

哈里曼知道方豪瑟先生聘用了一位极忠诚又严厉的秘书。但这位秘书最近刚刚生育了小孩，每天都会比方豪瑟先生晚半个小时到办公室。了解到这些情况后，哈里曼在一个早上赶在秘书之前来到方豪瑟先生的办公室。

哈里曼见到方豪瑟先生之后，开门见山地说："我是一位人物传记作家，我希望能够有机会和你一起吃个午餐或者晚餐，以了解你的创业故事，我相信自己能够感受到你的创业才华，同时你也能从我这里了解到其他创业者的故事。"哈里曼将之前写过的人物传记展示给方豪瑟先生。

与此同时将宴会的请柬递给了方豪瑟先生。方豪瑟先生接过去看了一下，又抬头看了看哈里曼，说："我们明天一起共进晚餐吧。"说完又补充了一句："你真是很有意思，没有任何预约，你不怕我拒绝你吗？"哈里曼笑着说："没有人会轻易拒绝最直接表达的诚意邀请。"

以诚待人会受到别人的欢迎，每个人都喜欢直爽之人，都希望任何事情都讲究效率而不是陷入无谓的猜测。

说话饱含感情，指的是我们在邀请别人的时候，必须要表达出我们对对方如约应邀的渴望。比如，我们可以说："如果您今天晚上不来，那真是一件遗憾的事，我们的老领导都不在，整个晚宴肯定也会大为失色。"而相反，如果我们简单地说"希望您届时参加我们的晚宴"这句没有感情色彩的话，就显得没有特别多的感情因素在里面。

我们邀请对方，如果与人对话时多从沟通的角度出发，多一点儿将心比心的理解，多说一点儿善解人意的话，那么，就容易引起对方的共鸣，一种独特的亲和力也就寄寓其中了。比如，当对方准备拒绝你的邀请时，你应感情真挚地表达自己的理解，可以说："我能理解，您的工作太忙了，每天要处理很多的事，但今天是我们特意为你准备……"假如你表现得漠不关心，对方是不会答应你的邀请的。

无数的交际经验告诉我们，邀请他人的时候，一定要动之以情，让对方盛情难却，这样一来，我们的邀请也就成功了。

2. 可采用连续邀请的方式

为展现诚意，有时候也可以采用喧宾夺主的邀请方式。喧宾夺主的核心在于"夺"。所谓"夺"，就是在最合适的地点或最合适的时间让对方无法拒绝。

医药代表小宋邀请某医院主任医师张大夫吃饭。第一次，小宋发短信说："张大夫，今晚七点，世纪大饭店，请您准时赴约。"
张大夫回短信说："不好意思，今晚有手术。"

小宋从别的医生那里了解到张大夫今晚没有手术，看来是推辞。

第二次，小宋给张大夫打电话："张大夫，明天有空吗？一起吃个晚饭。"张大夫说："明天我和同学有聚会，已经答应了。"又一次拒绝了小宋。

第三次，小宋到张大夫所在的医院，就在张大夫的科室门口等候，12 点张大夫出来了，小宋迎上去说："张大夫还没吃午饭吧，正好我也没吃呢，一起吃吧。"

张大夫这次无法拒绝，只好应允。一顿午饭，让小宋和张大夫成为朋友。

连续邀请的方式很常见，比如，你给某客户打电话：今天方便吗？大家一起聚聚？在遭受他的婉拒后，你也没有什么丢面子的，重要的是你表达了你的诚意。试想一下，如果一年之内你请了这个客户十次以上，他总不会一直拒绝如此善意的邀请，他应该会给你一次机会。

以这种方式邀请别人，需要你事先调查一下要邀请的人所在的环境，就近选择一家有特色的酒店，然后开始发出邀请。

例如："孙主任，中午有空吗？一起吃饭好吗？我在你这边发现了一家烧烤店，就在对面小巷中，距离你这里走路也就 3 分钟，那里的烤蚝烙真的是一流，而且环境也不错……真是休闲吃饭的好地方……"

"哦！你中午没有时间啊？没有关系，这样吧，下午我去订个位置，晚上你带上家人，我们一起去吃怎样啊？晚上我给你电话哦！"

说到底，请吃饭并不复杂，复杂的是做到宾主尽欢。我们在邀请时，既要有足够的诚意，也要注意说话技巧和方法，这些都到位了，才能为一次宾主尽欢的聚餐做好足够的铺垫。

3. 营造邀请的气氛

给宴请找个理由，还让大家欣然赴约，这需要一定的技巧，更需要在特定的场合能够娴熟运用。

刚调到新科室，王明天天埋头苦干，从不多管闲事。但是，却长期得不到领导的认可，使得王明丈二和尚摸不着头脑。

后来王明仔细琢磨，才知道是怎么回事。科里有个习惯，每到周末一帮老同志喜欢找各种借口叫人请客，下馆子"撮"一顿。请客的理由五花八门，比如老张买彩票中了一两百，小刘新买了台电脑，胖姨家的女儿中考……实在找不到理由，就翻书，谁翻出的书页尾数最小，谁埋单。只有王明从不参加他们的集体活动。

虽然王明不喜欢凑热闹，可也不得不跟大家"打成一片"。这个周末，直到下班见没啥动静，王明急了，主动地站起来说："我想请大家'撮'一顿。"大家全都盯着他，老张笑道："哦，中了头奖？""不，不是。"王明赶紧搜肠刮肚找请客的理由，老半天才想出一条："我前几天摔跤摔掉了门牙，这不，刚镶上一颗新牙。瞧见没有，花了七百多哩！"他一边说，一边张开嘴巴。

在一阵大笑中，全科的同事浩浩荡荡地往餐厅进发了。

在这里，周末聚会是部门的传统，宴请的理由并不重要，什么理由都是能过关，"补牙"的理由能充分调动气氛，难怪乎大家欣然应约了。

为别人找好赴宴的理由，别人才能欣然赴宴，才能使宴会气氛自然和谐。从这个角度上说，别人是否会赴约，原因不在别人，就在于你是否为其提供了充足理由。

真诚相约，不虚情假意，不违约，不失信。有人曾邀请几位朋友到他家去做客。朋友信以为真，谁知他却是虚意敷衍，让朋友吃了闭门羹。他这种失礼行为，使朋友非常气愤。事隔多年，提及此事，朋友仍然耿耿于怀。

不论说什么，不能让别人不舒服

不管出于何种目的，我们和别人一起进餐，都免不了会在餐桌上交谈一番，你不可能只是自顾自地埋头于眼前的食物而默默不语，如果那样，饭局的目的和意义便全然尽失。

在餐桌上，你必须说点儿什么，你必须和人交谈，而且你不仅要说，还要设法说得让人感到如春风般的舒适。

聚餐也分不同场合：和家人朋友们在一起时我们尽可以自由畅快一些，但是当我们进入了正式的饭局当中，如果忽略了餐桌交谈的礼数，就会给人一种不礼貌或是没素质的感觉。有些人虽然口才很好，但若不注意说话的时机，只会扫了大家的兴致，甚至连吃饭都没有胃口了。

不管是说话的声音、音量，还是语调都能体现出一个人在吃饭交谈中的礼数。尤其是与初次相识者交谈，更要以极大的热情来打开对方的心门，但是要怎样在交谈中表现出应有的礼数就要把握一个"度"了。

1. 说话的音量要控制好

每个人的音量范围都是具有可变性的，时高，时低。如果一个人高声尖叫就意味着紧张惊恐或者兴奋激动；而如果一个人说话声音低沉、有气无力，就会让人感觉缺乏热情、没有生机，或者过于自信、不屑一顾，甚至会让人感觉你根本不需要他人的帮助。要想让自己的话语给别人留下美好的印象，就必须善于控制自己的说话音量。

语言沟通在宴会中是必不可少的，既然如此，我们必须注意塑造自己的声音。无论你是设宴还是赴宴，无论你是男士还是女士，都要注意在宴会进行中以生动的声音表现自己，尽量避免自己的地方口音，力求以抑扬顿挫的声调表现自己充满激情的精神风貌。

在平时的就餐交谈中，我们经常会提高自己的音量，从而让自己的话题激发他人的兴趣。有时，为了获得一种特殊的表达效果，又会故意降低音量。但大多数情况下，应该在自身音量的上下限之间找到一种恰当的平衡。

其实，语言的威慑力和影响力与声音的大小是不相关的。有些人会以为大喊大叫就一定能说服和压制他人。其实，越是大声疾呼，就越会让对方感到反感，声音过大只会迫使他人不愿听你讲话甚至讨厌你说话的声音。因此，控制住自己的音量是赢得饭桌交谈好印象的一条妙计。

2. 受欢迎的语调是自然而富有感染力的

语调通常能表露出一个人说话时的内心世界，以及他的情感和态度。在饭桌上与人交谈，如果总是以生气、惊愕、怀疑、激动的语调，就会给人一种难以接近的感觉。而如果语调流畅、舒服，就会让人感到你是一个令人信服、幽默、可亲可近的人。

为了在餐桌上给人亲近的感觉，在与人交谈时要尽量使用自然、顺畅的语调。因此，在饭桌上与人交流时，可以在表示疑问的时候，稍微提高句尾的声音；在想要表示强调的时候，就加大声音的起伏；在想要表现强烈的感情的时候，就把调子降低或提高一些。

需要注意的是，语气绝对不能单调，只有让音阶富有变化，才会加强你的说服力，你的热情才会在变化中展现出来，从而感染听者，产生强大的说服力。

一句话是否富有表现力，是与声音的高低快慢变化有关的，也就是句调。句调一般可以分为升调、降调、曲调、平调四种。升、降、曲、平四调，各具特色。一句话能起什么作用，产生什么效果，给听者什么感受，说话者的语气和语调起到很大的作用。在就餐交谈中，只有灵活运用各种句调，才能达到成功交际的目的。语调关系到口才的成功和失败，我们必须练习那种真实、准确，富有生命力的语调。

如果和人吃饭的时候，为了突出自己的特色，就不妨选择抑扬顿挫的句调，这样会使语言形成一种自然和谐的音乐美，能细致表达思想感情和语气，使语言更富有吸引力。可以说，语调越是多变，说话就会越吸引人。

3. 说话的轻重缓急对语意的表达有重要作用

小马是公司新来的员工，刚刚大学毕业，性格活泼好动。这天，公司在附近餐厅举办迎新会，以便新员工与老员工进一步交流，为以后的工作顺利开展打下基础。小马作为新员工代表发言，可能是性格原因，也可能是想在大家面前出出风头，小马开始了她的即兴演讲，只见她侃侃而谈，或许是对自己太过自信，小马发表了半小时的演讲后还意犹未尽，丝毫不顾主持人在一旁朝她使了半天眼色，还在那里没完没了地讲，经理看了直皱眉头。

小马本想通过即兴发言给大家留下一个好的印象，谁知由于她过于卖弄自己，反而让人感到不舒服。

有时我们想在餐桌上着重说一件事情，这就需要在说话时口气重一些，以赢得对方的重视。一般来说，重要的词语或需要强调的内容就应该说得重些，而那些不重要的内容就可以轻轻带过。

如果一个人说话轻重适宜，就能使语言色彩丰富、语气生动活泼，从而引起听者的注意，说话的内容也易于被人理解和接受。说话的轻重要根据实际情况由自己掌握。如果太轻，就很容易使听者减少兴趣；如果太重，也容易给听者突兀的感觉。因此，在餐桌上交谈的时候不妨根据说话的内容，该轻则轻，该重则重，使人感到音节错落有致，舒服畅快。

拒酒，不喝也不能让人尴尬

人们在参加宴会的时候常常会遇到这样的情况，主人频频敬酒，一个个轮番上阵，你举杯后他登场，每个祝酒者都满怀激情、理由充分，大有让你不醉不休的架势。这种情况怎样才能保持不醉，全身而退呢？最好的办法就是适当拒绝别人的敬酒，让他人主动放弃对你的"围攻"。

在举行酒宴时，大家都乘兴举杯而饮。由于每个人的酒量有限，如能喝得适量自然是有益无害，但如果过量饮酒喝得酩酊大醉就于人于己都没有好处了。因此，面对别人的盛情劝酒，我们还必须学会拒酒的技巧。

成功的拒酒，不但使自己免遭肠胃之苦，而且不会让对方觉得你不给面子，更不会因此而伤了和气、坏了事情。

1. 一定要学会拒酒

一日，某公司举办商务酒宴，席间该公司经理频频举杯，巧立名目，敬了六次酒。在敬第六杯酒时，经理怕来宾拒酒，强调说："六是吉祥，六是顺意，六标志着不论经历六六三十六番风雨，都会有七十二般彩霞壮丽，六蕴含着无数的变化与商机。六杯酒是对我们合作顺畅的洗礼，六是我们双方激情的凝聚，任何数字都不及六的祝福最能表达我们的心意……为我们合作顺心如意，财源如春雨，干杯！"看来宾们喝下第六杯酒后，不一会儿，他又第七次举杯："各位来宾，各位朋友，我喝一杯你一杯，感情浓了酒似水。这七杯酒表心扉。情意重了千杯不醉，酒入口中心心交会，合作经营前景宏伟……为了我们的合作永远有七色彩虹相伴相随，为财源滚滚像流水，干杯！"

此时的来宾大多已是不胜酒力，再喝下去势必影响下午的谈判。而且第七杯喝下去，必然还会有热情洋溢的第八杯，如果这杯不挡住，后面的更难于抵挡。可面对主人如此"热情"，不喝又似乎说不过去。这时，一位来宾缓缓站了起来，端起酒杯，从容地说道："各位，一杯的酒香凝结在喉，两杯的祝福记在心头，三杯的盛情共同拥有，四杯的浓情风雨同舟，五杯的热烈如风摆柳，六杯的祝愿天高地厚。我虽然已经喝得无力承受，但我还记得刚刚喝下的那杯酒，你们说，任何数字都不及第六杯酒最能表达心意，那我们就要把最能表达的凝聚在心头，既然你们的祝福说'六是顺意，六标志着纵然有三十六番风雨，也一定能有七十二个丰收'，那么，我们就把最好的、最美的、最顺畅的那第六杯酒代表的最具盛情的祝福永远拥有。正像你们开始祝酒时所说，祝酒在情不在酒，那我们就正好以水代酒，让祝福顺畅永远绕心头。干杯！"

听罢这番祝酒，来宾纷纷响应，那位经理虽然还想再拼酒，但觉得第六杯酒祝酒时已经把话说满，不好再自我否定，在对那位来宾的钦佩之余，也共同举杯。敬酒也就到此为止了。

上述案例中来宾应对对方经理车轮式的敬酒，他明白对方经理是想利用拼酒，使他们在下午的谈判中因为醉酒而处于下风，所以巧妙地利用对方第六杯说得过满的话，让其钻入自己所设的话语圈套中，从而避免了醉酒误事。

"请君入瓮"拒酒其实就是反守为攻，先不动声色，静听对方发言，等待时间，从对方的言辞中找到突破口，以此为切入点，使对方无法争辩，从而拒酒。

酒席宴上要看清场合，正确估计自己的实力，不要太冲动，尽量保留一些酒力和说话的分寸，既不让别人小看自己，又不要过分地表露自身。

2. 以情抵酒

以情劝酒可以发生在礼仪敬酒之后的中场，也可以在宴会的任何阶段，在酒宴的高潮中，"杯杯酒，表深情"，让你想推也推不掉。这种敬酒要想不伤感情、不失礼仪、不影响气氛地推掉是十分困难的，大多只能采取以情拒酒的办法。

面对招待方的盛情劝酒，只见一位客人举杯答道："我喝不了十杯酒，但我有十杯酒所容不下的激情；我说不出一到十所表达的深意，但我能用一杯酒表达我们对东道主海一样深厚的谢意。我不喝十杯酒而只喝一杯酒，是为了使酒的数量之差让东道主能给我们留下更深刻的印象。"

礼貌的敬酒得到了礼貌地回答，这种得体、富有诗意的语言赢得了宾主双方的由衷赞赏，都觉得主人敬酒是事先准备好的一套祝酒词，而客人的即兴答词更加精彩。在一片掌声中，大家纷纷举杯，都同意客人只喝一杯。这样一来，一个精心筹划的以礼敬酒的场面就被巧妙地化解了。

以酒挟情的劝酒术威力巨大，一般情况下令人无法抗拒，如果拒绝往往是你"不领情"或者"不给面子"。总之，直接拒绝这样的劝酒显得特别伤感情。但实际上，在商务宴会上，这种以浓情作为幌子的劝酒带有很大的欺骗性，但是又不好直接拒绝，所以，采取"以情抵情"法最恰当。

中国人是讲究情谊的，既然能在同一场宴会中共饮，自然是有一定交情的，所以在拒酒时采用动之以情的办法，一定能够获得别人的理解，从而避免醉酒伤身或误事。

3. 拒酒有技巧

在一次谈判酒会上，主人为了营造气氛，不断借机向来宾敬酒。每一道菜都有精心准备的祝词，每一道菜上来后，来宾都架不住主人的盛情敬酒而连连喝酒。这时，又上来了高汤小饺，只见清淡的汤水溢着香气，汤里是包得十分精美的小饺子。此时，只见主人又站起来说道："这道'十全十美富贵汤饺'象征着我们对各位来宾的祝福和我们之间合作的美好前景。清澈的香汤是合作双方洋溢着的盛情，绿色的菠菜是合作充满生命力的象征，红色的菜丝是联结友谊的红缨，黑色的紫菜是幸运之星，细长的鸡丝是吉祥的彩藤，清亮的粉丝是友情的结晶。精美的小饺，把一切美好的祝福统统包容。让我们共同举杯，为高汤小饺的完美祝福，干杯！"

这时的来宾们已是不胜酒力，心悸之余，一位来宾站了起来，慢慢说道："小饺美味加高汤，红绿青紫寓意长，福禄寿喜全包容，十万祝福不倾觞。各位，据我的浅见，食高汤小饺不能喝酒，否则，不仅会被酒冲淡了饺子的美味，而且也不符合高汤小饺者祝福的原意。因此，我提议，大家都喝上一勺汤，吃一个小饺，如此才能把祝福的全意领会。"

主人明知客人是想推却这杯酒，但也想听个究竟，问道："这话怎么说？"只见那位来宾拿起调羹，品了一小勺汤，吃了一个小饺后说："这高汤小饺早在清朝光绪年间就有了。据说，慈禧太后因八国联军攻进北京而急忙逃出京城，一路艰辛自不必说。一天，她逃到了一个小陈镇，找到了一个在当地最好的饺子店。大太监李莲英忙告诉店掌柜，让他一定得弄个新鲜花样的饭菜，让老佛爷开开心。那小店只经营饺子和一些酱卤小菜，老板一时手忙脚乱、头上冒汗。紧急关头，还是老板娘稳住了阵脚，只见她从容说道：'小二，马上准备高汤小饺，馅要全，要把店里的所有菜肉都加一点儿。汤里的配菜要有红、绿、青、黄、黑五色。'老板一听，连声说：'不行，你疯了，咱家祖传的秘方里哪有这种大杂烩馅'。老板娘不理他：'快准备，好了之后我去上菜。'无奈之下，只有先按老板娘的办法去做。一阵忙乱之后，精心制作的高汤小饺就像咱们桌上的这样精美异常。老板娘亲自端了上去。李莲英一看，忙了半天只上来一碗汤，里面只有几个小饺子，他怕慈禧太后不高兴，就先问道：'大胆刁民，竟敢拿这碗汤来糊弄老佛爷？'只见老板娘从容说了几句话，慈禧不但不责怪她，反而奖赏了她。你们猜，老板娘怎么说的？"

来宾和主人被他的故事所吸引，都盼着他说下去。他一见这"移花接木"的办法成功了，就在众人的再三催促下继续讲道："老板娘跪下说：'老佛爷恕罪。这道菜饭叫作高汤小饺。这鲜美的配菜，选的是五种颜色，乃是五行俱全，必能吉祥。这鸡丝没用鸡胸脯肉，而是用的鸡腿肉，意为吉（鸡）多凶（胸）少。这绿色是兴盛之色，象征着老佛爷长寿不老。饺子里包的是各种菜肉，意为老佛爷定能福、禄、寿、喜，吉祥如意都能保全。'因为她的小店里没有好酒，不敢给慈禧上酒，只好巧解道：'古人说喝酒与吃高汤小饺不能同时进行，那样会伤身，为了老佛爷的凤体安康，小人斗胆恳请老佛爷吃这道汤菜时不要喝酒。'听完这个故事，无论是主人还是来宾，都对这位来宾"移花接木"的做法佩服得五体投地。

这一招拒酒的招数就是移花接木，反客为主拒酒的方法要求你化被动为主动，想办法转移敬酒方的注意力，再巧妙地拒酒，这样既不会得罪敬酒的人，又能避免喝醉酒误事，实在是酒桌上必备的拒酒良招。

下面就是几种拒酒的技巧和方法：

（1）把身体健康作为挡箭牌。喝酒是为了交流情感，也是为了身心的愉悦，这一点谁都清楚。如果为了喝酒而喝酒，以至于折腾了身体、损害了健康，那就显然是因小失大了，这是谁都不愿意看到的。

因此，我们可以以身体不舒服或是患有某种忌酒的疾病（如肝脏不好、高血压、心脏病等）为理由拒绝对方的劝酒，这样对方无论如何是不好再强求了。

（2）强调安全的重要性。这也是个拒酒的不错理由。有些人沾酒就晕、就醉，如果喝完酒去办事，就有很大的危险性，比如骑自行车。除此之外，只要能编出有理有据的理由证明喝酒对自己的危险性，那么对方出于对你安全的考虑，也就不勉强了。请看下例：

你晚上骑自行车到朋友家聚会，就可以这样拒酒："我真的不能再喝了，要不然真回不了家了。你看今天晚上一颗星星都没有，我们家那一片又没路灯，骑着车实在太危险。再加上我这

0.9 的矫正视力，别到时候晕晕乎乎摔到沟里去！"

（3）以家人不同意为由。一般来说，以父母的禁止为由拒酒往往容易让对方觉得你在找借口推脱，这是因为他想象不到这个问题对你有多么严重。因此，你必须在拒酒时讲得真实生动，把自己不听"禁令"的后果展示一番，让对方感到让你喝酒真的是等于害了你，他也就停止劝酒了。

可以说，把理由讲得真实可信是使用此方式拒酒的关键之处。你可以说："我爸一看我喝酒回去就训我，我妈则更严厉了。我不骗你，所以你如果是真为我着想，那我们就以茶代酒吧？"这样一说，对方也就无话可说了。

（4）挑对方劝酒语中的毛病。对方劝我方喝酒，总得找个理由，而这理由有时是靠不住的。特别是一些并不太高明的劝酒者，其劝酒语中往往会有不少漏洞可抓。抓住这些漏洞，分析其中道理，最后证明应该喝酒的不是我方，而是对方，或者是其他人，总之到最后不了了之。只要这漏洞抓得准，分析得又有理有据，那么对方就无话可说，只好放弃了这位难对付的"工作对象"。

比如在一次朋友聚会上，有人这样向你劝酒："小张，这一桌席上只有我们两位姓张，同姓五百年前是一家，看来我们是有缘分，这杯酒应当干掉！"此时你就可以抓住其疏漏这样拒酒："哦，我很想跟您喝这杯酒，可是实在对不起，您可能搞错了，我的'章'是'立早章'，不是'弓长张'，所以我不知道这两个同音不同字的姓五百年前是否也是一家？所以，您这杯酒我不好喝。"对方理由不成立，也再没法劝你喝酒了。

结账彰显风度，抢单也有学问

很多人觉得吃饭埋单是一个小得不能再小的问题，如何决定都无伤大雅！其实不然，别看小小的一顿饭，埋单时牵涉的关系可谓包罗万千。这里面不但有人际关系的哲学，还有不同传统、风俗和文化的沟通。比如和老人吃饭，为了表示对老人的尊重，应该按老人的意思决定由谁埋单；如果是和领导一起吃饭，应该参考公司的规定决定是否埋单；和老外在一起，要尊重不同文化，了解对方的风俗习惯之后再决定如何埋单……

埋单是生活中司空见惯的现象，然而，不同场合的不同表现，说明了其中含义的千差万别。

比如，一位男士带一位女士吃饭，如果男士不看单子就潇洒付账，说明男士多半是在追求对方；如果男士一直在核对单子，看了又看还故意挑毛病，那说明对方多半已经是他老婆了。

此外，还有一些可以认定为常识性的现象：如果一群女士吃饭，埋单基本是 AA 制；要是一群男士吃饭，基本可找其中一个人"宰"；如果是男士和一帮朋友吃饭，为了表示大方，都会抢着埋单；如果是男士和一帮客户吃饭，埋单就是应该的了；如果男士和一个普通的女性朋友吃饭，埋单则代表男士风度。

埋单已成了众生众相的最佳表现方式之一，而由埋单引起的一些不必要的纷争也在所难免。因埋单让友情受损的事情，经常背离了我们请客吃饭的初衷。

1. 谁该为饭局埋单

人与人交往应酬，谁请客就应该由谁埋单，这无可厚非。可是，很多时候却存在着"请客不埋单"的情形。

一位年轻人找到一个好项目，他决定在他的朋友之中寻找一个合作者。于是他给八位平时关系不错的哥们打电话，说要一起吃饭。

大伙都准时赴约。酒足饭饱之后，这个年轻人去前台结账的时候，发现账单已经被小黄给结了。他找到小黄，问："今天我请客，你为何这么积极去结账？"

小黄说："都是哥们，谁结都一样，没必要这么较真。"

这个年轻人一定要知道小黄的真实想法，就继续问："下次小李请客，你会埋单吗？"

小黄说："那不一定。我刚挣了十万块，也该请客。听说你还没到发薪日，替你结账了好让你下次请大伙吃更好的。"小黄笑着说。

小黄说的没错，这个年轻人的确没有到发薪日，并且他的工资并不高。但他们都不知道，他已经因为一个项目而获得了风投的青睐，第一批资金 100 万美元已经到账。

最后，小黄成了这个年轻人的合作伙伴。三年后他们的公司上市之际，这个年轻人开小黄的玩笑："他用一顿饭钱就买来了这家公司的三分之一股份。"

这是一个因抢着埋单而得到更大回报的例子。这一次的埋单，使小黄不仅得到了朋友的信任，也使他获得了事业上的成功。

一般情况下，请客吃饭应遵循谁请客谁埋单的原则，但也有一些例外。比如，是公司领导请吃饭，整个饭局有上下级不同的人参加，此时则应由下属完成结账工作（下属只是负责现场付费，实际上埋单的还是领导）。还有一种情况也很常见，就是吃饭时总是由一个人埋单，别的人都觉得是理所当然，但是埋单的人却苦不堪言。

2. 讲好的 AA 制要遵守

有一次，薛女士女儿的同学的家长在 QQ 群里组织了一次活动，说是要聚餐，大家都欣然前往。总共来了 24 个家庭，群主事先说好的 AA 制，大家也都知晓，吃完饭后先由薛女士一个人结了账，然后，因为有一部分家长有事先走了，所以没法当场结算 AA 制费用。第二天，薛女士叫群里的一个人帮着她收钱，并通过短信通知大家到银行进行汇款。其中有不少家长主动来问 AA 制费用，并很快把钱汇了过来，但薛女士现在担心的是，会不会有部分家长假装不知道而拒付？如果这样，薛女士吃这顿饭的代价就有点儿大了，因为这个费用毕竟不是个小数目。

其实，薛女士碰到的这种问题，很多参加 AA 制饭局的人都会遇到。一般来说，参加饭局的人如果事先知道是 AA 制，有心的人都会及时把钱给付费的人，除非他真的是个"马大哈"，忘记了。不过在处理这种事情上，如果先付费的人觉得这笔钱对自己来说不值一提，或者是朋友关系就当请客，那无可厚非。要提醒大家的是，如果是对方付的钱，那么大家一定切记及时把应给的那份给别人，这样大家的关系可能更长久。

所谓"各付其费"，又称"AA 制"。"AA"是"algebraicAverage"的缩写，意思是"代数平均"。AA 制，在美国叫 Going-dutch（各付各的）。这个问题也涉及面子，因为结账是一个很关键的时刻。以前的看法是，男士请女士吃饭，应该由男士付钱，而女士不用付。但那是 20 世纪 40 年代到 60 年代初的事情。从 20 世纪 60 年代末到 70 年代初开始，情况发生了变化。随着女性社会地位的提高，女性感觉到，既然自己的经济地位提高了，就应该付账。于是，AA 制慢慢开始出现了，它是从男女约会习惯的转变产生的。除了各付各的之外，在美国 AA 制还有另一种表现形式，那就是在聚会时每个人都带一个菜。

在国外，商界人士在共进工作餐时，更多的是以"AA 制"方式付账。采用此种付账方式，需要事先言明。在算账时，做东者所要做的，主要是动手算账、伸手收钱、跑腿交费而已。既然 AA 制的性质决定了所有共餐者各付各费，那参加饭局的人有什么理由不付钱呢？

3. 不该抢单莫出头

中国人爱抢单，一抢就生出许多故事来。

某天晚上，小席约着大家出去玩，在吃饭的时候，大家都喝了不少，也很尽兴，其间桌上的老王谈到自己最近签了几个大单，动辄就百万。到结账的时候，小席喊服务员埋单，结果老王硬拦住了他，小席说是自己把大家叫出来的，这顿就该自己请，而老王却死活不肯，最后老王拉着服务员，大声说："刷我的卡啊，要不然我和你急，我这哥们一个开熟食店的，小本买卖，能挣多少钱啊，你听我的，刷我的，我一个单子就够他卖两年的了。"结果，老王如愿买了单，而小席却感到很没面子，之后只要有老王的饭局，小席干脆就不参加。

可见，抢单固然显得你这个人很大气，但是在不该抢单的时候抢单，对别人和自己都没有什么好处。如果你一定想借着埋单来显示大气，那不妨做得优雅一些，毕竟别人也知道有人请客还不好吗，没必要抢得像打架一样。

如果你想埋单，那么在与朋友敲定聚会就餐时间的时候就可以提前说清楚这餐是由你做东。就算是事先约定时忘说了也没关系，就餐时一坐下来就说清楚这次是你请客，假如对方客气不让，你可以告诉他"下次你们请，这次我请"，一般这个方式大部分朋友都会接受。

如果你想埋单，建议你选择去一些自己比较熟的餐厅，选一个你占天时地利人和的地方，选择餐厅经理与你关系比较好，也比较信赖的地方，当你到达餐厅时就先告知经理，结账时由你埋单。所以结账时不管朋友多么客气想抢着付你手里的账单，餐厅经理也只会从你的手里拿信用卡去结账。

如果你想埋单，你可以先选择餐厅，然后预先点好菜及饮料，预先结好账，当然这是在你了解客人忌口食物的情况下，这样等客人到齐了就开始上菜。当然用这个方式时你要确认客人一定会出席，否则客人临时有事不来，你一个人独享一桌美味就难免有些浪费了。

无论怎样，请客吃饭是一件好事，如果有需要你来埋单，或者你必须来埋单，那么你可以当仁不让地抢单，如果连你埋单的必要都没有，你就不妨"客随主便"吃一顿大餐，还为你下次回请客埋单做个好铺垫。埋单时，一定要考虑别人的面子，不要为了抢自己的面子而砸了他人的面子。有时候，让出一次埋单的机会，就是给他人一个面子，这样就等于别人结了账，而你做了人情，这样的好事为什么不做呢？

第七章

恋爱中的耳朵：巧言善语虏获真心

表达爱意要含蓄，让对方愉快接受

如果碰到令自己心动的对象，应该适时地表达自己的爱意。不过，对女人而言，采用含蓄的方式更为妥当。

有这样一位姑娘，长得相当标致，在选择对象时总是以"×××"为标准，可是青春几何，一晃姑娘已是近 30 岁的"大龄人"了。这次，姑娘终于在一次相亲饭局中和一位高个头、风度翩翩的小伙子相识了，姑娘很是高兴，唯恐失去自己的"意中人"，便急匆匆地表达出自己对对方的爱慕之情："我们结婚吧！"结果可想而知，小伙子认定姑娘一定有什么不可告人的隐私，才会这么急切地要立即结婚，小心翼翼地和她分了手。

如果含蓄地表达，插柳不让春知道，很可能就不会是如此的结局了。同时，含蓄地表达，这是一种文雅而知礼的表现，容易被人们所接受。

含蓄地表达爱情，首先可使话语具有弹性，不致对方一拒绝就没有挽回局面的余地。另外，这也符合恋爱时的那种羞怯心理，易于掌握。

1. 暗示法

陈毅与张茜是一对情爱甚笃的革命情侣。早在 20 世纪 30 年代的戎马生涯中，陈毅对张茜就产生了一种超常的感情。为了暗示自己深切的爱情之意，陈毅写了一首《赞春兰》，送给了张茜（当时张茜的字叫"春兰"）。诗中这样写道："小箭含胎初出岗，似是欲绽蕊露黄。娇艳高雅世难觅，万紫千红妒幽香。"张茜从这首诗中领悟了陈毅的深情，从此两个人确定了恋爱关系，那首《赞春兰》也就成了他们之间的"定情"之物。

英国著名哲学家培根说过："交谈时的含蓄和得体，比口若悬河更可贵。"但有些青年人，总喜欢用狂热的语言、露骨的方式高温化地向恋人表达自己的爱情，它缺乏一种含蓄之美，结果往往是引起对方的反感，弄得事与愿违。

2. 以物传情法

以物传情法，就是在运用语言表达爱情的同时，借用物品传达情意，也起到了含蓄地表达爱情的目的。例如，马克思向燕妮求爱时，送燕妮一个放有一面小镜子的方盒，用的就是以物传情法。

美国著名影片《魂断蓝桥》的女主人公玛拉将自己心爱的象牙雕"吉祥符"送给男主人公罗依，请看他们几句简单的对话：

玛拉（从车窗伸出手，手中拿着"吉祥符"）："这个给你！"

罗依："这是你的'吉祥符'啊！"

玛拉："也许会给你带来运气，会的。"

罗依："我已经什么都有了，你比我更需要它。"

玛拉："你拿着吧，我现在不再依赖它了！"

罗依（接过"吉祥符"）："你真的太好啦！"

玛拉（对司机）："到奥林匹克剧院。"（对罗依柔情地）"再见！"

罗依（依恋地）："再见！"

玛拉和罗依是一见钟情的，这些对话虽然没有直言爱情，但从赠送"吉祥符"的对话中，双方都已含蓄地表示了爱慕之情。在玛拉死后，这个不起眼的吉祥符，20多年一直在罗依的身边保存着，而且保存了一辈子，成为他们两人纯真爱情的象征。

3. 表示关心法

鲁迅先生的《两地书》中，收进了他写给夫人许广平的许许多多信件，记载了这位文学巨匠表达爱情的特殊方式，给了我们非常有益的启示。如信中常这样写道："应该擅自保养，使我放心。"这些关怀备至、体贴入微的话语，比起那种空洞无物的抒情、赞美的话语来说，要有感情得多了。

爱意有时就像是露珠，你越直接，它越消失得快，因此要学会含蓄地表达爱意——既能传递爱意，又要使对方愉悦地接受、感知。

4. 表达感受法

例如直说"我喜欢和你在一起"，就不如说"我和你在一起的时候，总觉得时间过得那么快，真是光阴似箭；和你分别后，又觉得时间过得那么慢，真像是度日如年"。

又如说"我十分想念你"，就不如说："真不知怎么搞的，每当我做完工作，一静下来，你就在我的脑际浮现，我就想起我们在一起的日子。"

含蓄的表达爱情的方法各种各样，要根据具体人、具体情况来灵活运用。例如你的恋人是一位文化水平不高的人，你就不能采用深奥难懂的诗赠给对方的方式。如果这样，非但不能达到表示爱情的目的，甚至有可能会引起不必要的误会。

相亲时，要找准话头来聊

现代社会中，虽然许多青年男女都会采取自由恋爱的方式结合，但是传统的相亲择偶仍大量存在。相亲饭局的目的性较为明确，但大多数人在初次见面时不知如何开口，或说些什么话，由于紧张、畏惧或别的什么原因，原本健谈、幽默和风趣的人到了这种场合也会变得木讷、寡言甚至手足无措。

许多将要相亲的人都会这么问："见面后，我应该先跟他（她）说什么，才不会失礼呢？"的确，第一次相亲见面时的交谈是很重要的，甚至是相亲能否成功的关键。那么，相亲择偶时，我们到底应该说些什么，又该怎么说呢？

1. 找双方感兴趣的话题

相亲的青年男女，在见面之前对对方已经有初步的了解，例如对于学历、年龄和家庭状况等。因此前来相亲者，多数对于预知的概况都是感到满意的。在相亲过程中，就可挑些双方都有兴趣的话来说。下面我们看一下一对男女相亲时的对话：

"我喜欢吃，也喜欢烹饪，从中学时代就常常帮妈妈的忙，所以我对烹饪十分有信心。""那很好！这么一来，我经常可以品尝美味了。做你的先生的人一定很幸福。"

"我学过葡萄牙菜和中国菜，现在正在学习日本料理和下酒小菜。"

"很好啊！下回再来拜访你，就让你请客。我的嗜好也是吃。"

"欢迎！我特别下点儿功夫，弄几道菜，比如蚝油鸡片、八宝鸭、鞭蓉鱼片汤，可以吧？"

"哇！这是正式的宴会名菜，不是一流的餐馆还做不出来呢！"

相亲时的交谈如果能够如此进行，最后缔结良缘的机会就相当高了。

同时，前来相亲男性的目的往往是为了选择终生的伴侣，所以想结婚的女性在相亲的时候一定要给对方留下美好的印象。"讨老婆，麻雀胜凤凰。"何况相亲双方早就看过照片，要是不中意也就不来了。因此，女性要想相亲成功，就要努力展示自己的魅力，让男性感觉你是一位有知识、有教养的女性，例如，钢琴弹得好、舞技高超、英语流利、等等。这些素养你不说，他是发现不了的。但魅力必须配合对方的兴趣来表达才正确，并且在宣传自己的魅力时要干净利落地表现出来。

不要太过紧张，要以平常心对待，这样你才能完美地表现自己，给对方留下美好的印象。说话风格可以活泼一点儿，让对方觉得你是很容易相处的，跟你在一起生活会很轻松、美满，同时，可以添加一些显现自己优点和长处的话语。女性说话最好要表现出端庄、内敛，让对方知道你不是一个轻浮、随便的女子。表现要得体，交谈时也要尽量选择对方感兴趣的话题。

2. 掌握初次说话的艺术性

大龄青年的恋爱多半比较实际，所以谈话时往往缺乏浪漫、甜蜜的热情，显得冷静、平淡而且务实，这其实是初次见面时最要不得的。

张明今年已经37岁了，经人介绍他与36岁的姑娘李晴认识。某天，他们按照约定的时间来到一个饭馆。

张明首先开口说："你好！我已经等了你很长时间了，真怕你突然改变主意不来了，那我就惨了。你觉得我怎么样？首先外观上你能通过吗？我这个人最大的缺点是不会装扮自己，所以迫切想找个贤内助帮我料理收拾。如果能那样子的话，你一定会发现，一经打扮的我还挺不错的呢！不要笑，我这个人就好开玩笑，虽然工资不高，但生性乐观，爱好广泛，如听音乐、打篮球、游泳、看书等，又好动又好静，你呢？"

如此这样，张明很自然地展开话题，并引导姑娘说话，从中探测她的志趣爱好，可谓一举两得。男性通常喜欢温柔贤惠、稳重大方、活泼开朗的女性。也许在女性开口之前，男性还会对她的容貌有所挑剔，但只要她一开口说话表现出他喜爱的品德，容貌就成了其次的了。

37岁的吴琼第一次与男友见面时这样说话："听说你在单位里很得人缘而且很能干，是不是因为事业心太强了，所以耽误了恋爱结婚？哦，我说呢，怪不得人家说你老实忠厚，其实姑娘们并不都是喜欢有钱的男人，主要还是挑人品，并要真心对待自己。我以前见过几个，也是别人介绍的，个个都算有钱，但他们仗着有钱，要求甚高，而且自我感觉太好，仿佛天下的姑娘都任他们挑似的，我不喜欢这样的男人，你呢？"

男友第一面就喜欢上了心直口快、稳重大方的吴琼。

小青年的恋爱不像大龄青年的恋爱那样目的明确，他们浪漫、纯真，满腔痴情地去爱一个女孩子或男孩子，并且他们往往不知道用更好的方式去表达爱慕，胆子大些的则唐突开口，搞得人猝不及防；胆小些的则把感情深藏内心，永无机会表达。所以，年轻人的恋爱或者说少男少女的恋爱伤害性较大，成功率也很低。一方面是由于他们年龄小、涉世不深，对感情的把握不够成熟；另一方面，也是很重要的一个方面，就是由于对恋爱时的说话艺术没掌握好。

所以，不要封闭自己的感情和心灵，如果初次见面你觉得对方还不错，就大胆地向他表示自己的真心和热情，就算是你有什么具体的实际要求，也不妨诚恳地说出来；而不要遮遮掩掩，想问不敢问，想说不敢说，把恋爱约会变成一个别扭、难堪的聚会，那样就没什么意思了。要明白，年龄已不允许你迟疑、犹豫。遇到称心如意的人，就拿出真心和勇气，放开胆子，大方地追求吧！在任何场合，男性主动同女性打招呼、问好是一种礼貌；在恋爱时，男性更要主动开口，并尽量展开话题，不要出现冷场。

读懂女人芳心，顺着对方的心理说

　　常言说得好："女人的心，天上的云。"确实，女人的心变化多，让人捉摸不透，使大多数男性追求者无从下手、坐失良机，或半途而废、功亏一篑。作为恋爱期间的男人，应多懂一点儿女人的心理，运用高超的技巧，抓住女人的芳心，摘到诱人的爱情之花。

　　读懂对方的内心世界，才能使感情之路越走越顺。

1. 如何说才能让对方满意

　　吴栋是一位非常了解女性心理的男士，他每次说服女性时，总是说："你要回家，还是去吃夜宵？"他绝不会说："你要去吃夜宵吗，还是回家？"他真不愧是一位说服能手。

当女性听到"你要回家吗"就会有安全感，同时也会有轻微的失望感，因为，她潜意识里会期待对方有别的提议。因此，再添上一句"还是去吃夜宵"？刹那间，失望感全失。假定她不回答，而保持沉默，便是答应的一种表示。

吴栋的确知晓女性的心理。若头一句话说："你要去吃夜宵吗？"她就会有戒备心，接着再说："还是回家？"万一对方保持沉默，不就等于要回家嘛。大部分女性都不好意思说："我愿意去吃夜宵。"

有一种女性，不管你如何发问，她总是简单作答，遇到这种女性怎么办？要耐心地继续谈下去，一直到引出对方最有兴趣的题目。同时，时间也慢慢地使陌生变成融洽，那么话就易于投机了。假若仍然无效，不妨用激将法。激将法仍无效果的时候，就对她说一段趣闻来结束谈话。

根据心理学家和社会学家的调查和分析，男青年求爱时，一般都积极主动，女方则爱"马拉松"。男性较女性更容易一见钟情；女性的自尊心和戒备心理都比男性强，她们的爱一般较深沉、执着。在情感特征上，女性更含蓄些，表现出娇嗔、自尊，但又带着过于羞涩、执拗的弱点；男性则显得外露、炽热，感情奔放，但其自制力又略嫌不足。

了解了女人的情感特征，在恋爱交谈中就能应付自如地掌握交谈方式，从频繁的交谈和接触中察言观色，相互间一定会有更深的了解，从而进入热恋的阶段。

2. 面对刁难你该怎么办

青年男女双双坠入爱河之中时，情侣之间常常碰到一些难以回答的问题，有时对方就是在故意刁难，这时你一定要沉着应对，切不可顺口就说，但也不要思考许久，这样反而使对方生疑。既要回答得干脆利索，又要使对方相信，这的确要求一个人具有好的应变口才。

俄国作家契诃夫有句名言："18岁的姑娘要你的一切，但什么都不愿给你；30岁的姑娘什么都愿意给你，但只要你一片真情。"这话有一定的道理。因为随着时间、环境的变化，人的心理和情感也会变化。

针对不同的刁难，应采取不同的谈话方式。

（1）当对方问你："你和别人也是这样的吗？"

这的确是一个令人头痛的问题，通常是在情侣们关系亲近后有一方提出。这时，你只能说："啊，不，亲爱的，没有人能和我们的关系作比较。"或许这只是谎话，但反过来，任何正面做出比较回答，都是有害的，不是破坏了你们之间所建立的那种默契，就是损害了你以前情人的形象与精神。

（2）当对方问你："你真的喜欢我的家人吗？"

这也是一个严重的问题。当你爱上一个人，你只能与他结婚，而不是与他的家人结婚。但是，那些结婚多年的人会告诉你，有时你也像是和他（她）的家人结了婚一样。所以，如果男友（女友）问你这个问题，你可以这样回答说："啊，他们真有趣。"也许你可以补充："我觉得你爸爸很不错，只是，你能否叫他让我们自己决定度蜜月的地方？"

（3）当女友问你："我需要减肥吗？"

如果你被迫回答这个问题，你就要仔细推敲答案。对方是真的想知道你的建议吗？多半不是的。她想知道的，是不论她多重，你依然关怀她。所以，你最好这样答："我以为你身材挺棒。啊，我想起来了，可惜你不再穿那套蓝色裙子！它本来多么适合你！"这样一来，你虽有点儿说谎，但其实也暗示了一点儿真话。

（4）当女友问你："你以前有过女朋友吗？"

在一对情人的恋爱初期，女的往往喜欢问男的这类问题。她们想知道对方的底细。但如果你以往一直颇为花心，或者一直爱纸醉金迷的生活，即使现在已经痛改前非，也不宜立即就和盘托出。现在，还是先答道："啊，实在没有。我一向是不大外出的。"

（5）当女友问你："你目不转睛地看着那女子，是不是喜欢上她了？"

两个人相爱和结婚，并不就表示他们不会为俊男或美女所吸引，这样也丝毫不表示你不再爱对方。但不幸的是，当你发觉对方正在以欣赏的眼光看着俊男或美女，便自然醋意大发。所以，如果他或她问到你时，你最好还是这样回答："什么？我看什么？

不，我什么也没看，我只是在动脑筋，动得眼睛发呆了吧。"

3. 恋爱中也需要"谎言"

爱人之间理应真诚相待，来不得虚伪和欺骗，但如果每件事都得实言相告，每一句话都不得掺半点儿假，则不仅不能为爱情增添欢乐，反而还会使原本和睦温馨的关系出现裂痕。

有些不太聪明的男人，在遇到某些与前女友扯上关系的事情时，会情不自禁想起她的好，同时还直言不讳地讲给"现任女友"听，这无疑会给"现任女友"造成心理阴影。

他说旧恋人的好，则"现任女友"的心理反应是："为什么你又爱我？"同时，在这种心理的发展之下，此男人将会碰到许多的麻烦，日后也不会安宁。

过去的恋情不应该告诉你的恋人，属于过去恋情的痕迹也不应该出现于恋人的眼前。该隐瞒的时候就要隐瞒。

不管对于恋人信任到多么可靠的程度，有些事情，如果没有说的必要，最好让它永远成为秘密，这当然是为着避免引起不必要的麻烦。

有必要的时候，我们不仅要隐瞒，更要为爱情而编织谎言，这往往能收到很好的效果。恋爱中的男女之间，谎言的作用更是好比润滑剂一般。

"每次和你约会时，总是在衣柜里翻半天，老觉得每件衣服都不好看，真觉得自己有点儿发神经了……"这种谎言，是一种俏皮、可爱的谎言，更深远的意思，已经在无言中流露出来了，对方必定会为你所动。

　　有的女性会为自己的男友着想，担心对方的经济能力不够，因此，在约会的时候说："不知道怎么回事，我对出租车有畏惧感。""每次坐在高级餐厅或咖啡厅时，我总觉得浑身不自在，似乎那种地方太过于高雅，不适合我这个土包子。说起来，我还是喜欢坐在阳台上欣赏夜色，吃自己煮的面，这样比较没有拘束感。"若对方真的没有充裕的经济能力，听到这些话，一定会为女方的温存体贴而感动。

　　和恋人在一起谈话时，为了给对方留下好印象，应想办法修饰自己。例如，在讨论学术方面，谈到了某先生的书，事实上你只读过他写的两本书，可是知道这位先生出了五本书，这时，你不妨说："我曾看过他写的五本书，每本都写得很精彩。"那你在对方心目中的地位，无形中就提高了。不过，要注意的一点是，在你讲过这句话之后，应尽快利用时间到书店将其他三本书买回去，仔细阅读。如此，才不会露出马脚，同时也可以增加知识。

　　因而，在不涉及大局，无关"宏旨"的一些琐事上，有时不妨以"谎言"来营造一种温情脉脉的氛围。

首次见对方父母，如何让家人满意

但凡男女双方接触之后，就到了见双方父母的阶段。在去之前，父母一定一早就设好了饭局，等待心目中的未来女婿或未来儿媳上门，以期对未来女婿和未来儿媳做一个全面的考察。

这个并不轻松但必须要参加的饭局，可以毫不夸张地说，影响到自己的一生幸福，一句话说好了，可以立刻让对方父母喜欢自己，这桩婚事问题就不大了；而一句话说错了，很有可能你与爱人的这段感情就告吹了。因此，首次拜见对方父母至关重要，讲话也是需要讲究技巧的。

1. 首次见女方父母怎么说

当女方父母在家准备好了丰盛的饭菜时，千万不能掉以轻心，真正考验自己的时候到了。有的父母或许对未来女婿的外貌、家庭背景不做过高的要求和挑剔，却对学历及事业上有没有发展前途比较关注，因此他们考察你的时候，希望你能不断学习提高，达到更高学历；或者在事业上有所追求并渴望有所建树。如果你恰恰在这两方面都有雄心壮志并确实在努力着，那么他们就会认定你是可造之才，对你未来的前途充满信心，把女儿托付给你，他们也就大放其心。

"伯父、伯母，身体还好吧？前一阵子，白天上班，晚上准备考研，实在太忙，这两天考完试才得以抽空专程来拜访你们，你们不会见怪吧？我们科学院正在进行一项重大的技术研究，我报了名，等我研究生毕业，取得研究生学历就可加入技术攻关小组。这个攻关小组的组成人员都是科学院里最有经验的专家及技术人员，我想一定能从他们身上学到许多有益的知识和经验。伯父、伯母，你们认为呢？"

有些父母本身就是好好先生，肯定会点头称好。他们知足常乐，对什么都不刻意要求，对女婿也一样，只要他有健康的身体、纯正的心地就行了。把女儿嫁给他，但愿他能细心、体贴，做个好丈夫就可以了。对于这样心理类型的父母，只要你能在初次拜访时有足够的语言表达你如何爱他们的女儿，将来也一定会好好爱护、照顾他们的女儿，使他们无后顾之忧就足够了。

"伯父、伯母，你们好！虽然我和萍萍认识不足一月，现在来拜访你们显得有些冒昧，但我觉得萍萍是非常好的女孩，想必她的父母也是很好，所以忍不住来看望你们，你们不会怪我不懂事吧？再过 6 天，就是萍萍 24 岁的生日，今年是她的本命年，一定要好好庆祝一下。我和父母商议，准备在萍萍生日那天，邀请你们全家在美食城吃顿便饭，一则为萍萍庆祝生日，二来也和你们二老聚一聚，以便今后常来常往，互相照应，就当多了门亲戚，不知你们意下如何？"

以上的表白在相恋时间较短的时候，就主动邀请女方父母和自己的父母相见似乎显得过于轻率，但在他们看来，真难为你一片痴心。虽然在他们眼里，你或许还有点孩子气，但你的赤诚和负责任的心态会让他们欢喜，同时你还表现出了你的细心和周到，他们一般都不会太为难你。

对于只有一个女儿的父母来说，他们一般不太愿意把女儿嫁出去成为别人家的人，他们指望着女儿给他们养老，所以自然希望女婿能成为自己的半个儿子。再加上平日里一向没有重劳力，所以希望女婿勤快、有眼力、肯吃苦，如果没有条件同住，最好也能常来常往，不使二老无依无靠，所以他们在挑选女婿时就往往较注重这些方面。

你如果看中了这样人家的女儿，就必须有这方面的心理准备，同时还要努力给他们留下手脚勤快、憨厚朴实、心平气和的印象。如果你能讨得他们欢心，你自己也会受益无穷，因为他们会把你当亲生儿子一样看待。虽然你付出了一些心力、体力，可你得到的将远远超出你付出的，你会是这样家庭的真正的主人。所以初次到这样的人家去拜访，你最好少说多做，察言观色，尽力施展出做家务、体力活儿的本领。让他们充分感受到有你和没你就是不一样。

"伯父、伯母，你们好！我听娜娜说伯母近来身体不大舒服，所以随娜娜一道回来看看您。您这样的年纪，有什么病痛之类的，最好还是去医院好好检查治疗，不能老扛着。我妈妈认识一个好大夫，什么时候我带您去好好检查一下，这样也好放心。"

"冬天快到了，不如趁今天没事，我帮你们买些煤。"

从以上例子可以看出，到这样的人家去拜访，首先自己不要见外，诚恳、实在地把自己当成她家的一员，他们一定会欢迎你的。

有些父母比较爱慕虚荣，他们对未来的女婿有没有才华不太苛求，只对有无钱财非常关心，在他们的潜意识里希望通过女儿这颗"摇钱树"为他们自己招财进宝，可以在左右邻里面前炫耀。对这样的父母，如果你的确有经济实力，不妨满足一下他们的虚荣心。

若你没有雄厚的财力，那么在初次拜访时可大方一些，买一些礼物。同时在言谈上旁敲侧击地进行规劝，并暗示你现在虽没有钱财但日后说不定会财源滚滚，让他们对你未来的经济实力充满憧憬，再加上你很年轻，说不定还真会致富有门，而不至于因为你是穷小子，而断然拒绝女儿与你的交往，因此你必须在这一方面有所表白。

"伯父、伯母，你们好！请收下我的一点儿小小的心意，不知你们是否喜欢？小敏是一个非常好的女孩子，我很喜欢她。她不像别的女孩那样不重视男友的人品，只注重钱财。我刚刚大学毕业，现在很穷，但这只是暂时的，我会努力改变这一切的。"

你如果这样处置应付，你的女朋友一定觉得你很了不起，一定会为你骄傲的。她一直提心吊胆，现在总算放下心了。

在你拜见女友父母之前，可事先让你的女友为你提供一些内部消息，比如她的父母属于什么性格的人，有什么兴趣爱好或特长，尤其是有没有什么嗜好。然后根据不同的情况选择一个主要话题，并围绕这个话题多做些准备，掌握和了解这方面的知识内容，便于随机应变、投其所好。但是需要注意的是，千万不要过多宣传自己的聪明才干。

许多年轻人在这种场合中皆以为最要紧的是表现得聪明能干，于是故意显示自己的抱负不凡，远比同龄人要强，几乎是近乎自我宣传，以为这样就可以博得老人的欢心。

其实这是大错特错的。你必须明白，在一个长辈的面前，太聪明的言行未必能博得好感。一般年轻人轻佻傲慢，无非就是太聪明所致。才干和智慧应该是在有意无意之中流露出来，才能博人赞叹，而有意显露，则不免流于轻佻。

长辈喜欢聪明的你，但并不愿意你聪明到自鸣得意的程度。他们爱才干，但绝不是嘴上的才干。而且你必须明白，老年人的理想和年轻人有些不同，如果他们要选择一位女婿，不一定要那些自命不凡的人，而要稳重可靠的人。

2. 首次见男方父母怎么说

有的男方家长爱子心切，急于尽快给儿子找媳妇，好传宗接代，因此他们不大挑剔儿媳妇，只要儿子喜欢，那他们简直把你跟神仙似的捧着，似乎生怕一得罪你，他们儿子就找不着媳妇似的。

对于这样的家庭，你要以好换好，以诚换诚，能进入这样的家庭，只要你稍微顾全大局，便绝对是进了福门，跟你在娘家没有丝毫的区别，甚至比在娘家更得宠。虽然是初次探访，但他们对你的热情足以使你消受不起，所以你说话时不妨也活泼、有趣一些。

"伯父、伯母，我初次来访，你们就把我当闺女一样对待，真让我好感动！"

"自从我和××谈恋爱以后，他就多次说到你们如何好，真是耳听不如眼见。也怪不得××说你们好，你们太宠他了，小心把他惯坏了。"

"他曾说过我不如伯母对他好，看样子我还真比不上您的细心，瞧您，吃完饭碗都不舍得让他洗，来，我来帮您吧！"

从上面的例子可以看出，你可以很自然地使自己成为人家家中的一员，不要辜负人家待你的一片诚心，更不能故作清高，冷淡或伤害人家的真心诚意，否则的话，你一定会后悔的。

如果你找了一位年龄跟你相差较大的男子做你的恋人，那么当你去拜见他的老父老母时，或许会因为他们不大信任你而冷淡你。那你一定不要沮丧、气馁和委屈，因为这是人们正常的心理状态，你完全可以用你的言行让他们感受到你的诚恳和可信，而千万不要恃小撒娇，惹得他们反感。

"伯父、伯母，你们好！二老身体都还很健康吧？看上去挺硬朗也挺精神的，比我想象的要年轻许多。我过完年要到深圳去一趟，你们需要什么尽管说，不要客气！等我有空儿给您二老每人织件毛衣，我织毛衣的水平还可以，克正身上的毛衣就是我织的，伯母您觉得怎么样？我什么家务活都会干的，所以你们有什么需要我干的就使唤我好了。"

不管他们待你的态度如何，你都能客观、冷静地对待，这多少包含了你对他们儿子的爱，所以他们很快会接受你的。

一个女性最优秀的品德就是宽容大度、和颜悦色、端庄开朗，如果你具备这些优点，那么任凭什么样的家门你都能叩开；任凭什么个性的父母的心你都能打动。但要注意一点的是，他们在对你进行考察、探测的同时，你不妨对他们也做个考察，所谓将心比心。

如果他们在你做到了上述几点，还依旧不欢迎你的话，或许其中隐含着什么苦衷或不为人知的缘由，那你说什么都多余，反而增加彼此的心理负担，所以最好的方式就是沉默或找借口一走了之。至于他们的儿子，你不妨再多考察一段时间，再确定你们是否进一步发展关系。

常言道，女人是水做的，那么就请你拿出水一样温柔的感情，去感化你周围所有的人，包括你未来的公公、婆婆、小姑和小叔，让他们为拥有你这样一个家庭成员而感到骄傲和快乐。需要注意的是，以下两种说法不宜采用：

（1）过多谈论自己的现代话题。平常你在同学或朋友当中，见面谈不到两句，接下去的不是谈衣服就是谈发式，不是谈电影就是谈舞会，但在拜见男方父母的时候那些话题就要统统收起来。虽然每个母亲都知道现代的女孩子会有什么样的兴趣和爱好，但她们却爱欺骗自己，不愿意第一次见到儿子的女友时就听到她过分地谈论这些话题。

（2）炫耀学问。他们将会用一种侦察的眼光来度量你，看看儿子的选择是否合适。他们和你谈论的无非是日常的琐碎事情，他们并不想考验你的学问，所以你无须在这方面炫耀。你话中若夹着太多的学理名词，反而会引起他们的反感。

第八章

说好难说的话，打破僵局，化解尴尬

话不投机时，开口转移话题

常言道："酒逢知己千杯少，话不投机半句多。"于是许多人认为，在话不投机时，只要把嘴闭上不吱声就可以了，其实这是一种误解。试问总是闭着嘴不说话，能达到沟通的目的吗？话不投机不等于不说话，更不等于不表达。

善于在话不投机时与对方有效沟通是某些特定时机和特定场合所必须具备的素质，因为这关系到自身将来的发展。因为话不投机的情形经常会碰到，一味不开口，不去考虑采用恰当的技巧去面对这种情况，你也许会错过许多机遇，有时甚至造成一定的损失。

遇到话不投机时，更要谨慎处理。下面就是在话不投机时进行有效沟通的方法和技巧。

1. 避而不答

在说话过程中，当对方有意无意地触到我们心中的隐痛、忌讳或者自己不愿回答的问题时，如果一时没有好办法应答，那么，就干脆避而不答；或者沉默不语，表示无声的抗议；或者转移话题，使在场者的注意力从自己身上挪开。

某单位一女工结婚，在单位散发喜糖，刚巧该单位有一位没对象的大龄女青年。大家吃着糖，突然一位中年科员笑着对那位女青年说："喂，什么时候吃你的喜糖？"大家都望着那位女青年。那位女青年脸微微一红，把脸转向邻近的一位女同事，然后指着那位女同事身上的一件款式新颖的上衣问："咦？这件上衣什么时候买的？在哪个商店买的？"两个人便兴致勃勃地谈起了那件衣服。

　　在大庭广众之下问大龄女子何时结婚确实是件很不礼貌的事情。女青年碰到这个尖锐的问题时处境十分尴尬，回答不好可能会引起大家的闲话，再说这事也没必要让大家来参与。于是她立刻把话题转移到同事的衣服上，借以回避对方的无聊问题。问者受到毫不掩饰地冷落，自然也认识到自己的失礼，没有理由责怪女青年对自己的置之不理。

　　问话者见我方对其问题不予理睬，在尴尬的同时会很快意识到自己的鲁莽和无礼，从而不再追问。

2. 以讹化讹

　　一位记者向扎伊尔总统蒙博托说："你很富有。据说你的财产达 30 亿美元之多！"显然这一提问是针对蒙博托本人政治上是否廉洁而来的。对于蒙博托来说，这是一个极其严肃的而易动感情的敏感问题。蒙博托听了后发出了长时间的大笑，然后反问说："一位比利时议员说我有 60 亿美元！你听到了吧！"

　　记者用一句没有根据的传言来质问蒙博托是否廉洁，蒙博托没有被对方刺激得暴跳如雷，反而编出一个更大的显然是虚构的数字来"加重"自己的"罪行"，以讽刺记者所提问题的荒谬与别有用心，间接表明了自己的清白，维护了自己的名誉。采用这一方法一定要控制好自己的情绪，切忌被激怒。

那些毫无根据又极具挑衅性的提问总是会激起人们的反感，但是直接地指责反而会显得自己涵养不够。所以，我们不如采用以讹化讹的方法，即根据对方的诘问，为自己编造一个更严重的罪责，嘲讽对方无中生有、不讲礼貌，表达我方对这种无凭无据的问题的极大愤怒和拒绝回答的态度。

3.针锋相对

1985 年 11 月 19 日，在日内瓦湖畔的"水花别墅"，里根和戈尔巴乔夫举行首次非公开会晤。第一天下午，双方就分歧最大的问题——"星球大战"进行了一次激烈的辩论。

戈尔巴乔夫："我们必须禁止生产任何空间武器，一定得禁止！一定得禁止！"

里根："过去当我们独家拥有核武器时，我们并没有使用。这我已经告诉过您，您为什么不信任我？"

戈尔巴乔夫："如果我说苏联绝不会向美国发起攻击，你会信任我吗？"

为了争取有利地位，往往需要与对手针锋相对、唇枪舌剑一番。以期在气势上、心理上给对方以压力，为论辩的最后胜利提供辅助。两位超级大国首脑之间的论辩为我们展现了外交上微笑之外的另一幕。

在对方语言犀利地向你进攻时，你必须不回避，针对其势头，立即予以回击，毫不手软。这一招是在必须坚持原则性的基础上或为了某种利害而不能退让半步的情况下，对方常常会因你的直接反击而有所缓和其攻势。

4. 反守为攻

反守为攻的战略就是在回答提问之前，针对问题本身的难度先向对方发问，把压力转移到提问者本人身上，反被动为主动。我们在回避自己不愿作答的问题时可运用这一技巧。

1987 年 5 月，我国足球教练高丰文率中国足球队南下。在与香港队大战前夕，香港有位记者想探听"军情"，便问高丰文："你将怎样对待香港队惯用的打法？"高丰文反问道："你说香港队的惯用打法是什么呢？"这记者冷不防被问住了，只得改口退守："大概是防守反击吧。"高丰文立刻补上一句："我不是郭家明（香港教练），我不知道他如何布阵。但是不管香港队怎样变化，我们都一样准备。"

记者想打探中国足球队如何应付香港队的惯用打法，高丰文抓住对方提问的"惯用打法"这一不严密的说法，让记者自己做出解释，记者没想到问题反而会落在自己身上，气势立刻短了几分，高丰文因此也能够非常从容地按着自己的意愿作答。

反守为攻，常使毫无心理准备的对方措手不及，我方因此而顺利地扭转形势。

5. 模糊回答

说话过程中，尤其是在一些质询性的论辩中，经常可以碰到一些不能直接回答但又不能不回答、一时无法回答但又必须回答的问题，这时候，论辩者可以巧妙地使用模糊论辩进行对答。模糊应答往往体现了说话者的机智，情急生智，应变自如，令人回味。

阿根廷著名的足球运动员迪戈·马拉多纳在与英格兰球队相遇时踢进的第一球是"颇有争议"的"问题球"。据说墨西哥一位记者曾拍下了"用手拍人"的镜头。

当记者问马拉多纳，那个球是手球还是头球时，马拉多纳机敏地回答说："手球有一半是迪戈的，头球有一半是马拉多纳的。"

马拉多纳的回答颇具心计，倘若他直言不讳地承认"确实如此"，那么对裁判的有效判决无疑是"恩将仇报"。但如果不承认，又有失"世界最佳球员"的风度。而这妙不可言的"一半"与"一半"，等于既承认了球是手臂撞入的，颇有"明人不做暗事"的大将气概，又在规则上肯定了裁判的权威，亦具有君子风度。

模糊应答以收缩性大、变通性强、语义不明确的词语回答一些不能直接回答又必须回答的问题，从而化解矛盾，摆脱被动的局面。

6. 有意曲解

故意曲解可以起到意想不到的幽默效果，是说歪理的经典案例。即在对方提出一个问题或者话题时，先表现得很正经，最后一个歪理把对方逗乐。A 说："我腿好酸。"B 一脸紧张她问："怎么了？是不是踩到柠檬了？"

对于一些敏感性问题，提问者一般不直接就问题的本质提出质疑，而是从其他貌似平常的事物着手，旁敲侧击地进行诱导性询问。这时，我们可以故意装作不懂对方的真正用意，而站在非常表面的肤浅的层次上曲解其问话，并将这种曲解强加给对方，使对方意识到我方的有意误解实际上是在表达委婉的抗议和回避，从而识趣地放弃自己的追问。

7. 以理拒之

对于那些有意刁难、别有用心的问题，有的时候，我们没有必要掩饰心中的反感和左右为难，也不必绞尽脑汁地思考应对之计，而可以直接指出对方的问话不合时宜或者没有礼貌，暗示这种不合理的提问会给别人带来难处，从而正面拒绝回答该问题。

曾被誉为"红色资本家"的王光英，在"文革"中也历尽劫难。复出后，他受命赴香港创办光大实业公司。谁知一下飞机，香港记者就向他提出了一个很难回答的问题："这次来香港办公司您带来多少钱？"

这是一个棘手的问题，肯定的或否定的答复都不妥，钱的数目说多了或说少了都会给人钻空子，好在王光英见对方是个女记者，急中生智答道："对女士不能问岁数，对男士不能问钱数。小姐你说对吗？"

记者开口探问王光英办公司用多少钱，让他感觉很窘迫。于是，他避开了这个话锋，用一句人们耳熟能详的俗语间接地批评记者的提问违反了常规，表明自己不会回答这种不符合"游戏规则"的问题，从而使对方有口难辩。

在遇到"话不投机"的情况时，还有许多方法和技巧来应付，以上七种只是常用的办法，使用时不能拘泥，而要灵活多变。这样，"话不投机"的局面就不是仅仅通过沉默或一走了之这样的途径来解决了。

尴尬时，不妨用戏谑语言

尴尬是在生活和交际中遇到处境窘困、不易处理的场面而使人张口结舌、面红耳赤的一种心理紧张状态。在这种时候，如果能调整心态、急中生智，以戏谑来冲淡它，应该可以收到良好的效果，从而化解你和他人之间的紧张气氛。

相信你一定遇到过那样的场面，你或你周围的人突然一不留神，在众目睽睽之下滑倒。幽默可以巧妙地把这种陷自己于不利的因素，用一种荒诞的逻辑歪曲成有利因素，机智地将自己从困境中解脱出来。

如果能使人发笑，人们也就会将刚才的尴尬场面渐渐忘掉，气氛会慢慢恢复正常。

1. 当遇到窘状时

一次，里根总统在白宫钢琴演奏会上讲话时，夫人南希一不小心连人带椅跌落到台下的地毯上，观众发出惊叫，但是南希却灵活地爬起来，在众多宾客的热烈掌声中回到自己的座位上。正在讲话的里根看到夫人并没有受伤，便插入一句俏皮话："亲爱的，我告诉过你，只有在我没有获得掌声的时候，你才可以这样表演。"

艾森豪威尔也是和里根一样幽默的智者。

1944年秋，艾森豪威尔亲临前线给第29步兵师的数百名官兵训话。当时，他站在一个泥泞的小山坡上讲话，讲完后转身走向吉普车时突然滑倒。原来肃静严整的队伍轰然混乱，士兵们不禁捧腹大笑。面对突发情况，部队指挥官们十分尴尬，以为艾森豪威尔要发脾气了。岂料，他却毫不介意地爬起来，幽默地说："从士兵们的笑声看来，可以肯定地说，我与士兵的多次接触，这次是最成功的了。"

俗话说"人生之不如意十之八九"，人生幸福与否，与个人心态和处理不愉快的能力息息相关。如果能够处理好一些尴尬的氛围，不但能使自己赢得尊重，也能给别人带去快乐。

戏谑的语言总能给人们的闲聊锦上添花，让大家的交谈其乐融融，而懂得幽默的人也就理所当然地得到大家的喜欢。

戏谑是人们适应环境的工具，是任何人在面临困境时减轻精神和心理压力的方法之一。

2. 有人挑起事端时

当然，有人故意挑起事端，企图以巧言侮辱你，陷你于尴尬之境地，那你完全可以以其人之道还治其人之身，而最好的武器就是幽默。

一次晚会上，有一位名人在描述一个小岛的风情时也没忘了挖苦犹太人，他故作夸张地说："那儿最令我惊奇的是竟没有犹太人和驴子。"这时，很多与会的犹太人只好忍气吞声，海涅却不然，他没有拍案而起，而是十分镇定又幽默地说："先生，如果我与你同去那个小岛，不就刚好能弥补那个缺陷了。"海涅巧救僵局摆脱了尴尬处境，也维护了犹太人的尊严。

可见，想要巧救僵局还要掌握一定的幽默技巧。借助幽默的语言或行动，作用于人的心理，改变现场矛盾指向，完成了矛盾双方的转向，最终化险为夷。

有一次，林肯在擦自己的皮鞋，一个外国外交官向他走来说："总统先生，您竟擦自己的皮鞋？""是的，"林肯诧异地反问，"难道你擦别人的皮鞋？"

林肯的一个反问句让对方哑口无言，也让外交官戏弄林肯的企图不攻自破。幽默的人不仅可以为自己化解困境，更能为自己赢得掌声，林肯总统无疑是美国历史上最幽默的领导人之一，这也是人们为什么喜爱他的理由吧。

在尴尬处境中表现出来的小幽默，不仅可以给人带来轻松愉快的心情，还能营造和谐融洽的相处空间。

人们总要面对诸多的人和事，与人交往之时总会出现一些小摩擦。如果将这些小问题看得过重，就会影响自己的正常生活，也会对别人造成心理上的不愉悦，而幽默的心态则能缓和一些尴尬气氛。

将不愉快的事情扼杀在萌芽状态中，或者使其朝着好的方向发展，需要把握住时机。同时，如果加入幽默的元素，会达到意想不到的效果。

3. 两人针锋相对时

在两性之间，吵架在所难免，有一方发火，另一方也跟着吵，无异于火上浇油，情况越吵越糟，关系越闹越僵，倒不如以谐平怒，大家更容易冷静下来，在笑声中很快消气。

约翰先生下班回家，发现妻子正在收拾行李。"你在干什么？"他问。"我再也待不下去了，"她喊道，"一年到头，老是争吵不休，我要离开这个家！"约翰困惑地站在那儿，望着他的妻子提着皮箱走出门去。忽然，他冲出房间，从架上抓起一只皮箱，也冲向门外，对着正在远去的妻子喊道："等一等，亲爱的，我也待不下去了，我和你一起走！"怒气冲天的妻子听到丈夫这句既可笑又充满爱心和歉意的话，像气球被扎了一个洞，很快就消气了。

当约翰的妻子抓起皮箱冲出门外之时，我们不难想象，约翰是多么的难堪、焦急！但他既没有苦劝妻子留下，也没有作任何解释、开导，更没有抱怨和责怪，而是说："等一等，亲爱的，我也待不下去了，我和你一起走！"这哪像夫妻吵架，倒像一对恩爱夫妻携手出游。约翰这番话，以谐息怒，不但会让妻子感到好笑，而且体会和理解了丈夫对自己的爱心和歉意，以及两人不可分离的关系。听到这番话，妻子怎能不回心转意呢？

只要语言把握得当，戏谑调笑的化解法大多数人都拒绝不了它的"攻效"，因为它能使人开怀大笑、舒展情绪，在笑声中淡化尴尬与窘迫。这是作为一个应酬高手应该掌握的、摆脱窘遇的技巧。

大千世界，纷繁复杂，在任何场合都免不了磕磕碰碰。一些细节如果处理不好，会带来不必要的麻烦。如果遇到一些棘手的问题，学着用幽默的心态面对它，会使大事化小，小事化了，从而还你一片明净的天空。

遭遇失言，及时补救打好圆场

即使辩才如张仪，也难免会一时失言，有时甚至会举止失当，做出莫名其妙的蠢事。虽然各种原因不同，但后果相似：贻笑大方，或引起纠纷，有时甚至一发而不可收。这是令每一个人都感到尴尬的事。

常言道："病从口入，祸从口出。"同样，在人们的交往过程中，有时候不可避免会语言失误，造成的结果是不可收拾的。

马失前蹄可怕，人失言也同样可怕，当口出错语时，应想尽办法及时补救。同样，当行为冒犯了别人，引起对方的疑虑时，要采取巧妙的方式进行处理，这样才能打消他人的疑虑，免去无意间造成的祸患。由此，我们应利用现时的条件努力培养生存的"急智"。

其实，失言虽然不可避免，但是也并没有想象中那么可怕，只要积累经验、掌握技巧，就能够在一定程度上换回失言所带来的恶劣影响，甚至产生出乎意料的特殊效果。

1. 更换题旨

司马昭与阮籍有一次同上早朝，忽然有侍者前来报告："有人杀死了母亲！"阮籍素来放荡不羁，信口说道："杀父亲也就罢了，怎么能杀母亲呢？"此言一出，满朝文武哗然，认为他"抵牾孝道"。阮籍也意识到自己措辞不当，连忙解释说："我的意思是说，禽兽知其母而不知其父。杀父就如同禽兽一般；杀母呢？就连禽兽也不如了。"一席话说得面面周到，众人无可辩驳，阮籍也免去了杀身之祸。

阮籍在这里巧妙地引用了一个比喻，在众人面前不知不觉中更换了题旨，巧妙地平息了众怒。当你出言不慎引起众怒时，不妨试试此招。

当失言时，如能更换题旨，把失误的话语进行别致的解释，就能收到四两拨千斤的效果。

2. 声东击西

美国前总统里根在向记者谈论健康的奥秘时，不自觉地信口开河道："除了运动，我的另一个习惯是不吃盐。谁要想保持身体健康，最好不吃盐或少吃盐。"此言一出，立刻引起全国盐业从业者的齐声抗议，引发了一场"食盐风波"。在众怒未平时，盐业研究所所长出面替总统做了解释："吃盐对人体是有好处的；而里根总统遵照医生嘱咐不吃盐也是情非得已。每个人的情形不同，应根据自己的身体情况来决定食盐的多寡。"

所长既未否定总统的话，也未肯定吃盐对人体有益，而是做一番颇为客观的解释，巧妙地消除了总统言语失误带来的风波。

当失言时，不对失言进行单纯的肯定或否定，而是进行客观的解释，声东击西，一般都能收到理想的效果。

3. 复位圆场

著名相声演员马季有一次到湖北省黄石市演出。在他表演之前，有一位演员错把"黄石市"说成了"黄石县"，引起了听众的哄笑。在笑声中马季登台演出，他张口就说："今天，我们有幸到黄石省演出……"这话把哄笑声中的听众弄糊涂了。正当大家窃窃私语时，马季解释道："方才，我们的一位演员把黄石市说成县，降了一级。我在这里当然要说成省，给提上一级。这样一降一提，哈！就平啦！"几句话，引得全场哄堂大笑，马季机智巧妙地给圆了场，使演出得以顺利进行。

演员到地方演出，却把该地区的行政级别降了一级，这显然会伤害到该地人民的自尊心，引起他们的不快。马季为了帮助那个演员打圆场，同时也是为了弥补演员失言带来的不良影响，成功地使用了"复位法"，把被降了一级的"黄石县"升高一级，说成"黄石省"，巧妙地圆了场，同时把观众们的情绪再次调动起来。

在某些场合，在数量、级别等方面发生口误是很常见的失言形式，采用"复位法"是应付这一类失言较为有效的方法。

4. 特解反击

一次，小王在与小李进行辩论当中，对小李说："你的论调怎么有点儿像希特勒？你是从希特勒那里学来的吗？"

小李失言道："是的。"小王趁机进攻："我还不知道原来你是纳粹分子。"

小李反击说："希特勒是我最好的反面教员。我觉得你强加于人的手段倒是和希特勒一脉相承的。"

小李在这里就采用了特解反击的方法，既为自己的失言找到了恰当的理由，又给对方当头一棒，达到"一石二鸟"的效果。

补救错话常用的一种方法是利用特定的环境、特定的解释使错话转意，给对方以猛烈一击。只要解释得合情合理，错话就不错了。有时甚至可以把"错话"说成是自己故意说的。

5. 及时补充

在某些场合，因为说话明显不符合实际或有欠公允造成失言局面时，可及时对自己的言语进行补充，使之变得充分且有理有据，别人也抓不到自己的什么把柄，这是一招极其有效的方法。

1981 年，白宫突然得到里根遇刺的消息后，总统办公厅一片慌乱，不知所措。富有经验的国务卿黑格出来维持局面。黑格曾任美国驻欧洲部队司令，脱下军装后又当上了国务卿，一向以果断、稳重而知名。当他听到里根被刺的消息，也慌了手脚，还闹了个笑话。

一个记者问黑格："国务卿先生，总统是否已经中弹？"

黑格回答："无可奉告。"

记者又问："目前谁主持白宫的工作？"

黑格答道："根据宪法规定，总统之后是副总统和国务卿，现在副总统不在华盛顿，由我来主持工作。"

这一回答引起了轩然大波，记者们议论纷纷。另一个记者马上又问："国务卿先生，美国宪法是不是修改了？我记得美国宪法上写明总统、副总统之后是众议院院长和参议院院长，而不是国务卿。"

黑格听后明白是自己失言，急中生智反问道："请问在两院院长后又是谁呢？他们都不在白宫现场，当然由我来主持了。刚才为了节约时间，少说了一句话而已。"

几句话便自圆其说，从而为自己解了围。

黑格因为情势急迫，疏忽了宪法中关于国务卿主持白宫工作的规定，结果被记者抓住把柄，加以刁难。此时，黑格如果承认自己记错了宪法上的规定，显然有失一位国务卿的颜面，于是他急中生智，迅速补充了一个必要的条件，众、参两院院长都不在白宫，所以由国务卿主持工作也就合情合理了，顺利摆脱了不利的局面。

6. 转移焦点

当自己言语有失误时及时进行另一种解释，转移别人的注意焦点，使别人对失误的注意力转移到新解释上，从而无形中减轻了失言的严重性。

美国国务卿季辛吉是一位成功的外交家，一次，他接受意大利女记者法拉奇的采访，说起自己成功的外交施政时，竟夸口说道："美国人崇尚只身闯荡的西部牛仔，而单枪匹马向来是我的作风，或者说是我技能的一部分。"

此番话一经报章发表，马上引起轩然大波，连一贯赞赏季辛吉的人们也不满于他自大喜功的轻率言论。然而，季辛吉毕竟是季辛吉，他不但沉住了气，还明智地主动接受采访并乘机声明："当初接见法拉奇是我平生最愚蠢的一件事。她曲解了我的话，只是拿我来做文章罢了。"

季、法两人的话，究竟谁真谁假，外界一下子丈二和尚摸不着头脑。这便是一种转移别人注意力的方法。它可以减轻失误的严重性，但在一般情况下，应用此法应该谨慎，因为它实际上是诿过于人，不到万不得已时最好少用，以免损害自己的声誉，失去他人的信任。

7. 及时改口

美国前总统里根访问巴西时，由于旅途疲乏，在欢迎宴会上，他竟闹出不可原谅的笑话："女士们，先生们！今天，我为能访问玻利维亚而感到非常高兴。"顿时场内一片寂然，众人面面相觑，不明就里。有人低声提醒总统说漏了嘴，里根忙改口道："很抱歉，我们是不久前访问过玻利维亚。"尽管当时他并未去过玻利维亚，但听众还未反应过来，他的口误就已经淹没在他接下来的滔滔大论之中了。

里根在这里采用了"及时改口"的补救办法，使他的失误没被听众意识到之前就已被淹没了。

"及时改口"是补救言语失误的妙法。只要及时发现错误，就能掩饰言语失误，避免出丑。

8. 调换视角

在评价别人时，因在某一方面失言而令对方不快，可及时调换视角，肯定或赞赏对方其他方面的优势，以此作为补偿。这会使对方对你的失言不放在心上。在日常生活中这是比较常见又较容易使用的方法。

一个高高瘦瘦的小姐新买了一件收腰的短上衣，兴冲冲地邀女友小王品评。小王见她穿了新衣越发状如衣板，不禁脱口说道："这件衣服并不适合你。"对方顿时面沉如水。小王见状自责，转而笑吟吟地说道："像你这样苗条又修长的身材，如果穿上那种宽松肥大长至膝下的衣服，就会越发显得神采飘逸、潇洒大方了。那些矮而又胖的人就穿不出这种气质来。"小姐听罢顿时转怒为喜。

小王对女友的新衣服给出"并不适合你"的冰冷评价，即使确实如此，也很难让对方容忍。还好，唐突的小王赶快说出了"不适合"的原因：是因为女友的身材太苗条、太修长造成的。为了突出女友的这一优势，还捎带提了提"那些矮而又胖的人"作衬托。对方的新衣服虽然被贬低，但在身材上受到的赞美已足以令她转怒为喜了。

9. 添言减字

隋朝末年，秦琼贫病交加晕倒在单家庄。单雄信救起他，说起自己久仰秦琼的大名，但苦于不曾谋面。秦琼脱口而出："正是在下。"话一出口他便后悔了——怎么能在一个陌生人面前暴露自己的身份？于是他又很快在后面添了四字，改成"正是在下同衙朋友"，巧妙地掩饰了自己的身份。

著名剧作家曹禺的名剧《雷雨》中有这样一个场景：鲁侍萍再次见到失散多年的儿子周萍时，心情激动，不自禁地呼出声："萍……"但她立刻意识到母子两人身份悬殊，周朴园也不可能让她认这个儿子。于是强忍悲痛，改口道："萍——凭什么打我的儿子？"一场风波消失于无形。

这种在文字上增文减字的技巧，需要说者冷静、机智、随机应变。将自己说过的"错话"添言减字，让意思改变，是巧妙改口的另一个招数。

10. 承认错误

勇于承认错误的人永远都是受欢迎的，以坦率道歉来援救过错，以真诚检讨来赢得宽恕，比遮遮掩掩、文过饰非要高明得多。当你不小心说错话，不妨公开承认错误，相信大家都会欣然接受。

美国前总统杜鲁门的女儿玛格丽特有一次开演唱会，被评论家休姆批评得一文不值。杜鲁门一气之下写了封信去责骂休姆，称他是"蹩脚的评论家"，对他说"希望有朝一日遇上你，那时，小心你的鼻梁。"这封信被休姆公开于世，总统形象一落千丈，杜鲁门明智地选择了公开道歉的方式，他诚恳地对人民说："我的感情十分脆弱，有时候会控制不了自己。"

总统这样的作为非常难得。他不仅不因上次的出言不逊而失去民众的支持，更因自己的一腔真情换来了更多的支持者。这也验证了中国的一句古谚语："塞翁失马，焉知非福。"

当你失言时，就需要灵活应变，这样才真正能使"失言"成为"实言"。

遇上当众发难，不卑不亢地应对

人生在世，并非所有的事都称心如意，也并非所有的人都对你友好和善。我们生活的世界异彩纷呈，这就铸就了人的五花八门、性格各异。

饭局上，当你正在和一大群朋友侃侃而谈的时候，突然出现冷场或者突然有人接过你的话头，当着众人的面刁难你，让你下不了台，这样的气氛一定难堪至极。遇到这样的情况，你该如何面对呢？

1. 善于打破沉默

一个不善于打破沉默的人，会被认为是缺少交际能力、缺少自信的人，会被认为是一个很难相处的人。在与人交往的过程中如果能主动打破沉默，就能避免尴尬，与人相处起来就会很愉快。

王建在一家公司待了3年，积累了一些经验，想找一家新的单位。在网上投出简历不久，就有一家公司通知他面试。

面对面试的5个考官，王建虽然久经沙场，也还是手心冒汗。开始的时候他们轮番轰炸，你一言我一语，问了很多有关专业的问题和他对这个工作的认识。过了几分钟，4位考官有事出去了，只剩下一个人提问。到后来，这仅剩的考官问题越来越少，最终沉默下来。屋里从一片吵闹到寂静，双方都感到很不习惯，只好低下头做些小动作。

王建看了看表，距离面试结束还有5分钟，如果就此沉默下去，自己这份工作肯定要泡汤了。于是，他从一个被动答问者寻找主动者的感觉，抬起头来对考官说道："我听说这家公司最初只是给人家做一些中介生意，经过老板和员工们的努力，才几年时间就发展成了一个拥有 200 多人的大公司。看来公司有一种非常好的企业精神。"

听到王建打破沉默的这句话，考官重重地点点头说："是啊。"原来他就是开始和老板一起创业的 6 个人之一，听到王建谈起公司的企业精神，马上来了激情，和王建很愉快地又聊了 15 分钟。临走的时候，他对王建说："你很不错，等好消息吧。"

第二天王建就接到电话，他被录取了。

不管是在面试的过程中，还是在与人正常的交往中，常会出现冷场的局面。冷场让双方都会很尴尬，当对方把话题都说尽时，再也找不到合适的话题，内心就会有一种挫败的感觉，此时你要给人留下愉悦的印象，就要懂得打破沉默，保持你的激情。

冷场常常出现在谈话双方都没有激情的情况下，所以要用你的激情保证整个谈话过程的活跃和热烈。如果冷场出现，一定要主动打破沉默，找到可以激起对方谈话兴趣的话题，或者运用提问打破沉默，打开对方的话匣子，从而保证整个交谈过程的愉悦。

交往过程中的交流应该是互动的，每一个人都应善于寻找合适的话题来打破沉默，不管这种沉默是无意的还是有意设置的。这是一种自信的表现，也是一种能力。

2. 对刁难予以准确回击

倘若你要面对别人的有意刁难时，仍旧保持平静和理智，这是十分困难的，你势必要做出相应的回击。但是同时，既要保住自己的面子，又不至于因回敬过头而显得无礼，如何说话才能把握好其中的度，这也是很难的。

美国 2000 年总统大选热门候选人小布什在波士顿接受电视采访。记者安迪·希勒以爱给政治领导人找麻烦而出名。当采访进入高潮时，安迪·希勒突然问道："您能说出俄罗斯车臣共和国总统是谁吗？""不知道。你知道是谁吗？"小布什有点为难。记者又问："您能说出巴基斯坦掌权的那位将军的名字吗？"小布什似乎有所发觉，敏感地反问一句："采访已进入'50 个问题'这个节目了吗？"安迪·希勒毫不客气地回答："我只是向您提几个热点地区热点领导人的问题。"小布什一时语塞。记者又问："那么您知道印度新总理是谁吗？"小布什仍有茫然状，但他立即反问："那么你能说出墨西哥外长的名字吗？"记者漫不经心地答道："我不知道！我不想参加总统竞选，所以没有必要知道。"小布什反击道："作为一个知名记者，你不知道墨西哥外长，那么你也是不合格的，但谁都知道你是很合格的。因此不能以这些知识性的东西作为评判的标准。"此言一出，记者无法再纠缠了，只好转入正题，小布什在得体的答辩中也赢得了观众的好感。

纵观小布什的例子，他很聪明地用了多种方法来应对记者的刁难，我们来稍作分析：

（1）把对方拉下水。小布什面对记者责问时，并没有手足无措而乱了阵脚，而是沉着应变，遵循对方的思路来以险对险，把对方也引入这个关于知识性问答的局中，然后慢慢化解了危机。

同理，在宴会上，当对方蓄意刁难说出一些使你难堪窘迫的话时，最好的解脱方法正是"请君入瓮"，巧用话语把对方也引入这种局面中，然后自身撤退，让对方作茧自缚、自食其果。

（2）以彼之道，还之彼身。当记者觉得小布什作为一位总统候选人却不知道各国元首的名字，就不配当总统时，小布什巧妙地用相同思维予以回应，抛出了自己的疑问：你不知道墨西哥外长，就可以推出你不是合格的记者？这一策略令对方哑口无言。在交际中，当别人有意刁难你，你又不能直接回答时，不妨采用与对方一样的思维，照他那样的逻辑方式，如法炮制地再设一个相同句式的问题来反问对方，这样就巧妙地把球踢给了对方。

（3）不卑不亢，以德报怨。小布什明知对方在刁难自己，但他始终不卑不亢地回答问题；当对方毫不客气地向他进攻时，他仍能克制住自己心中的怒火，反问对方，使对方难堪，但又顾及了对方的面子，维护了其自尊。由此可见，当我们面对刁难时，哪怕是对方面红耳赤唾液横飞地向你进攻，你也要克制自己，尤其是在宴会场合，在顾及他人面子的前提下，以理服人，化干戈为玉帛。

（4）善用反问，出其不意。"那么你能说出墨西哥外长的名字吗？"巧用反问是应对尖酸刻薄之人的一个很普遍、实用的技巧。当对方的问题很难回答或发问的角度很刁钻，你回答肯定、否定都可能出差错，那就不要回答，你可以把问题再还给对方，巧用反问，将对方一军。

一语中的，让话语更有威力